光尘

LUXOPUS

与宝宝对话

BabyTalk

Maximise Your Child's Potential
in Just 30 Minutes a Day

[英] 萨莉 · 沃德 著
毛佩琦 译

中信出版集团 | 北京

图书在版编目（CIP）数据

与宝宝对话 /（英）萨莉·沃德著；毛佩琦译 . --
北京：中信出版社，2021.9（2025.7重印）
书名原文：BabyTalk：Maximise Your Child's
Potential in Just 30 Minutes a Day
ISBN 978-7-5217-3402-7

I. ①与… II . ①萨… ②毛… III . ①婴幼儿－语言
教学 IV . ① G613.2

中国版本图书馆 CIP 数据核字（2021）第 149647 号

与宝宝对话

著者：　[英] 萨莉·沃德
译者：　毛佩琦
出版发行：中信出版集团股份有限公司
（北京市朝阳区东三环北路 27 号嘉铭中心　邮编　100020）
承印者：　北京中科印刷有限公司

开本：880mm×1230mm 1/32　印张：11　字数：275 千字
版次：2021 年 9 月第 1 版　印次：2025 年 7 月第 41 次印刷
京权图字：01–2021–4431　书号：ISBN 978–7–5217–3402–7

定价：59.00 元

每天30分钟，
激发宝宝无限潜能

目 录

序 言

每天30分钟，将孩子的潜能开发到极致

我一向喜欢文字，这个爱好，连同我对语言及与人直接共事的强烈兴趣，把我带进了语言治疗领域。语言治疗师治疗的沟通障碍包罗万象，从曾中风的成人到唇腭裂的宝宝，都是我们的服务对象。我在伦敦取得了治疗师从业资格，婚后搬到曼彻斯特，并在那里取得了听力学相关资质。听力学是关于听力与听能的诊断与管理的一门科学。

不久之后，我有了自己的三个小宝贝—— 一个女儿和两个儿子，他们在接下来的几年教给了我非常多的语言与沟通发展的知识。

我自1980年起开始在曼彻斯特工作。当年所服务的机构现已更名为全国健康服务基金会曼彻斯特分会。当时，我制订了学龄前听障儿童父母指导计划，并在诊所为存在各种口语及语言问题的孩子提供服务。后来我被任命为主任治疗师，为存在语言、听力与学习障碍的儿童提供口语及语言方面的治疗服务，同时指导语言治疗师及其他专

业团体学习相关专科领域的课程。另外我也获邀担任英国皇家言语治疗师学院语言发展障碍研究顾问，从而有机会为全国同行提供咨询服务。

之后我获得由西北地区卫生局资助的三年期深造助学金。在深造期间，我研发了准确测出婴儿出生第一年发生语言迟缓风险的模型。同时，我也凭借听损、学习障碍与失聪、自闭儿童如何回应声音的相关研究，取得了博士学位，随后被任命为基金会首席治疗师，负责治疗存在口语及语言障碍的孩子。

在这些工作经历中，我对幼儿的听力与注意力，以及它们跟语言发展的关系格外感兴趣。之后我有幸与我所钦佩的杰出语言治疗师迪尔德丽·伯基特共事，为学龄前儿童提供定期出诊服务。我与迪尔德丽在共同协助年幼患者说话与沟通期间，互相学习，获益良多。我们开发出一个极为有效的计划，能赋予家长力量去协助孩子发展语言能力。我们欣喜地发现，如果是与失聪、自闭或神经发展障碍无关的语言障碍或迟缓，不管有多严重，只要父母能够并愿意每天花半小时执行此计划，孩子就能有长足的进步。他们常在短短数周或数月间，便能达到一般同龄孩子理解与运用语言的正常水平。父母看到自己的孩子开始沟通时脸上所流露出来的喜悦，是我职业生涯中最大的回报之一。

我们在曼彻斯特治疗的孩子，许多来自经济条件较差的家庭。但后来我得以把我们开发的计划——现称为“儿语潜能开发计划”——用于全国各地、各社会阶层的家庭，结果都相当成功。

环境是塑造孩子语言与社交发展的关键

虽然我们知道语言发展未达同龄标准的儿童，存在教育、社交与情绪问题的风险，但我们尚不确定无助的新生儿是如何在短短四年内掌握语言的。

关于这个奇妙的过程是如何发生的，最早的理论是，宝宝随机发出声音，最接近词语的声音受到身边成人的鼓励，从而被塑造成语言。例如，宝宝很早就会发出“mama”的声音，每次只要他发出这个声音，妈妈就会出现，于是宝宝最终把这个声音与妈妈联结起来。伟大的语言学家乔姆斯基在20世纪五六十年代曾驳斥这个观点。他认为宝宝的语言学习能力与生俱来，听到语言时宝宝会自动运用所谓的“语言学习机制”来理解自己所听到的话，并在往后帮助自己组合句子。他认为孩子听到的语言的量，以及成人对孩子讲话的方式都无关紧要。

另外一位伟大的语言学家平克，在他后来发表的论文中也持相同观点：孩子一出生就具备辨识不同类型词语及这些词语在语言中的功能的天赋，且这在所有的语言中都是通则。例如，小孩子天生就知道事件的起因就是主语。看到猫咪把花瓶撞倒了，又听到妈妈说“那只顽皮的猫咪”，他就能正确假设猫咪是问题的起因，因此是句子的主语。

针对孩子的这种天赋，目前并无共识。但人们普遍认为，人类一出生就具备了某些知识与机制，这才足以解释婴儿学习语言的惊人速度。

这类机制对于环境输入的敏锐程度，目前仍有相当大的争议。乔姆斯基和平克都认为环境输入影响甚小。许多研究人员则强调“社交输入”与“互动”对语言学习至关重要，他们认为早期语言技能是孩子通过有意义并积极地与生活中的人互动而学会的。这种观点虽然承认人类某种程度上有一些预先设定的语言功能，但认为语言学习极度依赖孩子与环境的互动，孩子所听到的语言会显著影响其发挥潜力的程度。

一些针对成人语言输入与儿童语言发展速度与质量相关性的研究结果也支持这种观点。乔姆斯基的“语言学习机制”理论在20世纪70年代引发了许多这类研究。乔姆斯基宣称成人对孩子使用的语言太过复杂、混乱、异于常态，如果孩子没有“语言学习机制”，不可能学会语言。（乔姆斯基似乎跟婴幼儿接触不多，因为多数成人会本能地认为对孩子讲话的方式，不应该像对朋友讲话那样。）

虽然有一些语言发展阶段受环境影响较小（失聪与听力正常的孩子开始牙牙学语的时间差不多，高度语言刺激与欠缺语言刺激环境下的孩子吐出第一个词语的年龄也差不多），但环境影响对于塑造孩子未来的语言与社交发展无疑极为关键。例如，大量研究显示，大人对孩子讲话的多少与孩子语言能力的发展有正关联——大人对孩子讲话越多，孩子学习语言就越快。研究显示，大人对孩子讲话的内容，对孩子学习语言也极为重要。许多证据指出，宝宝明显偏好特定类型的语言，能倾听并借此学习更多。研究也显示，孩子学习特定词汇和语法结构与其接受的语言输入有关。

我和迪尔德丽的临床经验与研究则显示，父母与孩子说话方式的调整，是孩子语言飞快进步的关键因素，也是儿语潜能开发计划中至关重要的一部分。

简言之，虽然人类确实可能有与生俱来的语言学习机制，但许多证据显示，成人对孩子说话的方式对其语言发展有相当大的影响——儿语潜能开发计划将证实这种观点。生物学家伦内伯格在1960年发表的论文中也提出了一个中立观点："婴儿发展语言的生物程序跟动物的行为默认程序一样。要有令人满意的发展，除了生理组织必须完整，环境也必须提供质量兼具的输入。"有趣的是，其他物种似乎也符合这个说法。例如，苍头燕雀的鸣唱是天生的能力，因为被隔离豢养的苍头燕雀也能鸣唱。然而，如果要唱出完整的曲调，幼鸟必须听过成鸟的示范才行。

儿语研究的结果非常赞同这种中立观点。通过本书，我将协助你，帮助宝宝唱出最动听的歌曲！

大人使用的语言超过孩子的理解水平会造成孩子语言发展迟缓

语言是区别人类与其他生物的特征，语言对于社会与文化的重要性毋庸置疑。虽然人类拥有说话的奇妙能力，但在互相沟通时仍常存在极大困难。这个世上有许多战争和冲突都是源于沟通过程中的误解。

因此，让孩子学会我们所能教给他们的最好的沟通技巧非常重要。话虽这么说，语言发展迟缓却是最常见的儿童障碍，影响了10%以上的7岁儿童。

毫无疑问，语言迟缓与学习障碍、自闭症、听障有关，也可能是特定神经发展问题，如特定语言障碍、运动障碍与注意力缺陷多动症的结果（参见附录2）。唇腭裂及嘴唇、舌头、上颌等处神经受损也可能导致语言障碍。

但对于许多在其他方面非常正常，仅有口语与语言障碍的孩子，其语言发展迟缓是因为大人对孩子说的话与孩子运用或理解语言的实际水平不匹配（后者更常见）。一般而言，成人通常会根据孩子的年龄与体型自动调整自己说话的方式。因此，如果孩子因为种种原因而落后于同龄者，尤其是在理解方面落后，就很容易出现这种不匹配。例如，鼻炎所导致的间歇性失聪在婴儿期与幼儿期极为常见，可导致幼儿听力困难，并停止倾听，因此影响理解；宝宝或母亲长时间生病，以及许多生活上的压力，例如搬家到远离家族支持之处，都可能是诱因。

TIPS 我们需要厘清一件极为重要的事：除非有虐待或严重忽略孩子等极少数的悲惨状况，否则我们永远都不该说孩子出现理解障碍是父母的错。

智力天注定?

人类智商究竟是先天注定的还是后天养成的，一直广受争论。科学家现在达成共识，宝宝并非一出生就已预设基因的自动装置。科学家正在研究基因与环境因素的互动方式。我们现在已知道，受精12周后，神经元已经显示出协调的电波活动，而这些电波甚至可以改变大脑的形状。正是这种在婴儿出生前就将其大脑联结起来的电波活动，将驱动婴儿出生后以惊人的速度学习。婴儿的大脑出生时已具备其一生所有的神经细胞，但当时连接模式尚未确立。婴儿经由感官所接收到的信息产生神经活动，并建立起无数的连接，这个过程在婴儿出生后不久即开始。因此，孩子出生后前几年，尤其是前三年，为其发展可塑性最强的时期，这一期间大脑神经回路需要适当的刺激来完成。这种刺激对于塑造孩子未来的发展非常关键。两岁之前，幼儿的大脑神经元突触是成人的两倍，其所消耗的能量也是成人的两倍。当时所形成的连接若未使用，10岁后就会逐渐消失。

因此，许多证据指出，缺乏刺激跟剥夺感官一样，对孩子的发展有毁灭性的影响。许多罗马尼亚孤儿的悲惨遭遇显示，剥夺刺激对智力有不可逆转的影响。人们在21世纪稍早时发现，由于当时儿童照护的知识较为不足，一些被收容的婴儿虽然生理上受到了良好的照顾，但与成人的互动相对较少，这些孩子从三个月开始就出现不可逆转的成长滞后现象。

其他研究结果也指出，早期刺激对智力发展有强大影响，这连带促成了美国启蒙计划与英国类似计划的发起，这些计划都是为了辅导欠缺文化输入的孩子而设。这些托儿计划从孩子三岁开始，为之提供丰富的游戏机会与语言输入，之后，很多孩子都表现出明显的智力提高。有趣的是，此项计划的许多参与者现在却持这种观点：从三岁才开始是否帮助太少且太晚了？

毫无疑问，每个人天生的智能从一出生就有差异。然而证据也清楚地指出，智商并非固定或永久的；且在生命早期阶段，环境刺激可对智商造成极大的影响，最重要的影响可能就是提升语言能力。语言是人类思考的主要工具，因此语言与思考是紧密相连的。再次强调，针对此关联的程度与性质，心理学家并没有形成绝对的共识，但都同意这种关联十分重大。

这两个领域的关联方式到底如何，引发了研究的热潮。多数理论家认为，智力与语言发展都由孩子探索环境中的人事物而诱发，且两者明显互相依存。例如，幼儿需要达到特定的智力发展阶段才可能学会一些词语。他必须先确立物体在离开视线后仍持续存在的观念，然后才能命名物体。反之，语言能促进智力发展。想象一个幼儿想搞清楚几片拼图该怎么拼，一个成人告诉他“翻过来”或“这片太小了”，这使他得以把学习转化至另一个情境中。加入词语标签极有利于刺激孩子形成概念。例如，宝宝最初只把“猫”这个词语跟家里养的猫联系在一起，但在其他情境中运用“猫”这个词语，将很快使宝宝对“猫”这个词概念化，并将之用于任何情境中的猫。再长大一点后，孩子可在做某事前先用语言对其进行计划和讨论。例如，你可以听到四岁的孩子说："你先玩，然后换我玩。"或者说："我们到公园以后，我想跟我的天竺鼠玩。"

语言能协助我们记忆、发送并接收信息。孩子四岁半的时候，语言已完全内化，可用来取代行动，像成人一样把语言当作解决问题的捷径。例如，孩子在真正动手拼拼图前，会在心里思索要怎么处理并移动拼图。语言成了他理解世界的钥匙，且终其一生都是如此。

儿语潜能开发计划为孩子日后学习建立基础

儿语潜能开发计划将依各年龄段来详细说明，内容包括：

- 如何创造对宝宝的发展最有利的环境；
- 该对孩子讲多少话、讲什么话；
- 除了每天例行的半小时之外还要做些什么。

儿语潜能开发计划的目的是为孩子日后学习建立基础。这些基础不仅是理解并运用语言，还包括听力、注意力与游戏能力。许多人不了解这些技巧其实是逐步发展的，更不知道我们可以帮助婴幼儿轻松而有效地日益进步。

儿语潜能开发计划不仅适合孩子的发展，而且对父母与孩子双方完全没有任何压力。这个计划不仅基于广泛的临床经验、语言学理论与先进的研究，更稳固扎根于亲子的自然互动。这个计划并不设定虚假的教学情境，而是在孩子正常放松的日常状态下进行。

如今，有识字与计算问题的儿童人数越来越多的状况，引起了极大的担忧。我最近跟一名中学老师谈话，她很震惊在11岁的孩子中，有超过半数孩子的阅读能力低于实际年龄。这个令人担忧的问题引发了一波提早教孩子认数字、颜色、形状与字母的浪潮。这波浪潮引起了极大的争议，有些教育人士认为这么做是错的。日益增多的迹象显示，这种火热的“超前进修”的方式不仅让孩子倍感压力，更让许多尚未准备好接受这种教育的孩子产生不安与厌恶感，反倒引发了该浪潮原本想预防的问题。

我在诊所里也看到过类似的情况。许多幼龄的孩子，不断地被纠正发音，这使他们觉得自己的沟通方式不被接受，进而导致他们变得烦躁不安、情绪低落且沉默寡言。

一位极度忧虑的母亲带着年仅三岁半的贾斯珀来找我，想让他继续接受过去一年在英国另一个地区所接受的深度语言训练。这个小家伙从他的刘海下盯着我，显然是下定决心不讲话。他母亲表示他现在只在家里说话，甚至连在家里都变得非常安静。她很清楚他讨厌这些口语和语言课，他明显意识到自己有口语问题，但她确信治疗是必要的。我教她这套儿语潜能开发计划，然后要她把儿子带回家，不要再去想口语与语言治疗的事。数周后，她致电告诉我，她很高兴地发现，贾斯珀的语音自然而然变清楚了，那个开心外向、喋喋不休的小家伙又回来了。

执行儿语潜能开发计划的父母不需要因为必须工作而感到不安或心生负罪感，也不需要花费大量时间在孩子身上才能确保孩子有最佳发展。在孩子发展极敏感的早期阶段，一点点“绝对正确”的刺激就能产生极大的效果。一天30分钟已然足够！而且你很可能会发现，你可以把一些计划中建议的措施自然而然且毫不费力地转换到其他日常生活中。

TIPS 不要因为你必须去工作而心生负罪感！

不要忍不住“测试”孩子！

观察、留意与存心测试有极大的差异。后者可能会让你试图去教孩子，而非创造孩子朝自己最大潜力发展的环境。

我们的通则为：除非你发现孩子的能力发展程度较同龄孩子落后，否则不必过于担心。例如：

- 第一年落后超过两个月；
- 第二年落后超过三个月；

- 第三年落后超过四个月；
- 第四年落后超过六个月。

本书各章将详细探讨更多细节。然而，如果你对宝宝发展的任何层面感到担心，你可寻求语言治疗师或医师的意见。如果你心里对孩子的发育状况感到不安，就很难全心享受亲子之乐。

本书将纳入儿童的正常发展指标，目的是让你在惊讶并欣喜于孩子发展的同时，判断如何配合孩子已达到的程度，而并非作为“测试”孩子用。所谓的正常发展变化性极大，原因可能有环境、宝宝的基因遗传，以及各发展层面的交互作用等。例如，很早开始肢体活动的宝宝很可能较晚才学会词语，也可能较晚出现某特定游戏方式。你的孩子就跟其他孩子一样，将形成自己独有的发展模式。

你可能在孩子正脱离或已脱离婴儿期时看到这本书。如果他有过造成语言发展迟缓的原因，如耳朵方面的问题或长期罹病，你可能会注意到他的语言程度低于实际年龄。如果是这种情况，请翻到计划中符合你孩子情况的部分，从那里开始。我希望你能如愿看到孩子快速进步，但如果你有任何疑虑，请即刻进行口语及语言治疗。

如果你的宝宝或幼儿受学习障碍、泛自闭症障碍等涉及语言迟缓问题影响，你应该立即带宝宝接受语言治疗。不管你正接受何种治疗，我相信儿语潜能开发计划都能有效地助你一臂之力。请跟你的语言治疗师讨论这个计划。在你等待治疗的同时，这个计划必定能帮上忙。

我的朋友有一个患唐氏综合征的小男孩名叫本尼。本尼四岁的时候，她问我这个计划对他有没有帮助。我回答说一定有，但关键是她不能以孩子实际年龄来实施计划，必须先观察他几天，看他理解到什么程度，然后从该水平开始实施。她发现本尼应该从两岁的程度开始，因为他正开始理解一些人名、物名与短句子。她跟本尼很享受彼此相处的时光。在六个月内，本尼的语言理解与运用进步了六个月的程度。他的先天缺陷将使他无法继续以这种速度进步，不过他的母亲现在很有信心，本尼一定能发挥他的最大潜能。

听力与注意力都是逐步发展起来的

我们生活在一个日益嘈杂的社会。成年人常把忽略背景音、专注于我们想听的事，以及想维持专注多久就维持多久的能力视为理所当然。（你可以暂时停下来，听听你所忽略的所有声音。）这项能力和控制与维持注意力的能力一样，都是逐步发展起来的，但现在有越来越多的孩子无法学会这项能力。许多听力完全正常的孩子都出现了极大的语言问题。许多临床医师与教师纷纷指出，许多孩子的学习及语言问题都源自无法倾听。有个朋友曾告诉我，她的孩子11岁，刚上中学，校长在欢迎家长的致词中说，他很确定所有的孩子都有一个共同的问题——无法有效倾听。

孩子需要身边的成人来协助他们发展从周围诸多声音中选择该倾听什么，以及想听多久就能倾听多久的能力。儿语潜能开发计划会解释该怎么做到这一点。

本书纳入了注意力发展的内容正是为此。许多人都认为孩子（还有成人）不是专注，就是不专注。事实上，集中注意力、维持专注、视需要转移注意力——尤其是在令人分心的环境中——在儿童期早期是以明确的阶段逐步发展的。然而，许多学龄阶段的孩子皆未发展出注意力。老师日益抱怨孩子在进行课堂活动时无法保持专注，尤其是在嘈杂、闹哄哄的教室中。这种状况显然会严重妨碍学习。在语言学习的早期阶段，尤其是孩子开始联结词语与其意义时，婴儿与成人能共享专注焦点是很关键的一环。此外，对于注意力的控制，传统上被认为是成人智力功能的重心。证据显示，控制专注力不受无关信息干扰，与成人智力呈正相关。但是设法让孩子专注往往只会让状况变得更糟，孩子需要的是大人协助他们通过正常阶段取得进步。

儿语潜能开发计划将告诉你如何辨别孩子已达到什么阶段，并如何协助他进入下一个阶段。

游戏是语言学习的绝佳方式

游戏在儿语潜能开发计划中也扮演了很重要的角色。游戏常被称为“儿童期的工作”，因为游戏是儿童了解世界的方式，也是其发展社交关系与表达自己的方式。游戏和语言发展紧密相连，是成人给孩子增加语言输入的绝佳方式。孩子可以通过游戏探索物品与材质，身边的成人在活动时提供相关的词语将有助于孩子产生新想法。例如，宝宝学会松开物体后，从高椅上把物品松开，待物品落下后，大人带着笑容说：“不见了！”这可让这个游戏更加好玩。

早期的亲子游戏很重要，可让大人和小孩形成共有的经验与想法，并建立未来共享记忆的基础，成为双方对话的主题。在往后的阶段，假想游戏受语言的影响更大。某游戏增加的复杂度与丰富度，将使得下一个游戏的复杂度与丰富度再次扩展。随着游戏的发展，语言将使孩子得以参与许多日常活动，从而增进他对世界如何运作的理解。在更往后的阶段，孩子可运用语言来解决问题与发展想象力。

创意活动也是语言学习的绝佳方式，语言同样有增强游戏趣味性的功能。例如，玩水时可顺便跟孩子说“滴答”或“哗啦”等词。

游戏是另一个按照明确阶段（虽然有重叠）发展的领域。儿语潜能开发计划将协助你辨别孩子游戏能力发展的各个阶段，既教你如何运用游戏作为语言输入，又教你如何在各阶段开创更丰富有趣的游戏。

结语

本书将教你如何以极为简单的方式把孩子的潜能开发到极致。你不需要花很多时间，一天仅用30分钟就能取得明显的效果。最重要的是，这个计划完全没有压力，你和孩子都将沉浸在乐趣之中。你将心满意足地发现你充分利用了孩子语言发展的关键期，而这将赋予孩子终身受益的优势。

在儿童语言领域工作多年的经验让我相信，没有比在孩子生命之初赋予他沟通能力更好的礼物了。本书将教导你如何促进孩子这方面的发展，让他尽可能掌握最佳沟通技巧。

本书不仅为父母而写，孩子的祖父母、家庭的其他成员都适合阅读。孩子的保姆、托儿所的护工与照顾者，每一个负责照顾幼儿的人，也都是本书的目标读者。

随着你继续阅读本书，希望你能与我一样对这个迷人的领域产生兴趣，最重要的是，衷心希望你在帮助宝宝发挥最大潜能的同时，能享受其中的乐趣。

阶段一

0～3个月

发现宝宝沟通与互动的惊人能力

0～3个月的宝宝

宝宝的诞生，无疑是父母生命中最深刻的体验之一。宝宝刚出生后的几周，你会全心投入于认识自己的宝宝，以及学习如何照顾他的迷人差事。如果他是家里的第一个孩子，你可能会跟我一样感到震惊，原来育儿是如此忙碌的全职工作，而且是一个非常累人的任务，尤其在宝宝约6周大之前。此后，有些宝宝偶尔能一觉睡到天亮，此时你该感到庆幸。

刚出生的宝宝，除了把头自动转向妈妈的乳房或奶瓶吸奶外，对身体的控制能力极其有限。他常放声大哭，但最初几周父母很难弄清楚他到底要什么。不过宝宝从一出生就拥有了解世界的方式，他能看、能听（虽然最初几周宝宝的视力和听力还不是很好）、能尝、能闻。另一个重要的感官是他的皮肤，他能通过皮肤接收许多外界的信息，比如温暖、抚摸与安适感。

你将发现宝宝在沟通与互动方面有着惊人的能力，虽然他一开始没有向你传达明确信息的方式，但在这三个月结束前一定会有。

宝宝的第一个月

沟通发展

以下每一章节，我们都会先描述宝宝沟通与语言发展的阶段，并将这些阶段与其他领域的发展进行联结，以增进你对宝宝发展的认知，让你面对宝宝时更乐在其中，也更为之着迷。（切记，每个宝宝的发展速度不同；而在早期阶段，宝宝早一周或晚一周出生，其发展都会有明显差别。）

新生儿虽然全然无助且仰仗他人照顾，但却惊人地可以用数种方式与身边的大人互动。宝宝从一出生就会对人表现出情感倾向，并且会很快地把他人纳入沟通。

宝宝出生后不久，听到别人对他说话、被人抱起或眼神交会时会安静下来，展现出对身边人的回应能力。当宝宝在母亲怀里时，他与母亲脸庞的距离，是宝宝最佳的专注距离。此时宝宝已展现出倾听的兴趣，听到声音靠近时会停止活动。到宝宝满月时，他已经可以找到并注视附近的声音来源。

宝宝会经常哭泣，但很快会发出哭声以外的声音。他在这个阶段发出的声音尚无沟通的含义，但他会用凝视、哭声、停止哭泣、躁动不安与停止躁动，来表示警觉状态与舒适度，他也会积极寻求与大人的目光接触。

此时宝宝除了哭泣，还会发出与身体功能相关的打嗝、排气等声音。虽然这些声音在此阶段并非用来沟通，但他身边的人会因此做出反应并与他目光交会，从而让这些声音变成有意义的信息，进而让宝宝知道不同的行为会得到不同的结果，也为往后的真正互动做准备。例如，宝宝哭泣躁动时，妈妈说："噢，你想换尿布啦！"或者当他看向一个玩具时，妈妈一边说："你想看泰迪熊？"一边把玩具拿过来。

此时大人的脸是宝宝专注的重点。对宝宝而言，大人的脸立体而非平面、明暗对比、有曲线而非直线等许多特性非常有吸引力。宝宝出生36个小时后，就已经显露出喜欢看妈妈的脸胜于陌生人的脸，同时也展现出惊人的学习速度。此外，宝宝喜欢看人类的动作胜于看动物或无生命体。新生儿还有一项非凡的能力：如果他看过大人的示范，也会模仿伸出舌头与张嘴，但这项能力将于宝宝数周大之后消失。他甚至可以模仿悲伤、快乐与惊喜的面部表情。没有人确切知道为什么新生儿会拥有这些能力。

整体发展

此时宝宝已开始初步尝试探索世界。他会把头转向光源，虽然此时还没有双眼视觉，但他已察觉到物体从不同距离与角度看去，大小与形状都是固定的。即使在这么早期的阶段，宝宝竟然已经可以区分十字、圆形与三角形。

这一阶段宝宝对自己身体的控制能力极为有限，因此常会表现出不平稳且不受控制的大动作。正如所有脊椎动物一样，他身体的整体发展是从头到脚：先得以控制自己的头部，然后是躯干，最后是双脚。在这个阶段，如果有人扶住他的肩膀，他的头可以固定几秒钟。宝宝也会做出一些反射动作，例如，碰到摇铃时手部会紧握，大人扶着直立时，他会出现完整而协调的走路反射，但这种反射仅维持数周。

注意力

小宝宝的注意力有两个特别显著的特征：一是专注时间极为短暂，二是完全没有应付分心的机制。

宝宝第一个月时，我们观察他看玩具的方式，可以发现他仅看极短暂的时间。同样，他只会短暂地看你的脸，当你喂他时，也仅能与他短暂进行眼神交会。

听力

倾听的能力，即专注于我们想听的声音，不去理会不想听的声音，是一种从出生开始就逐步发展的能力，需要长期发展才能成熟。听力可能是最受忽视与低估的发展领域，它对语言与智力的发展极其重要，而且非常容易受环境影响。

宝宝从出生第一天就能辨别爸爸与妈妈的声音。把父母的声音录下来，模拟在子宫中听起来的状态播放给宝宝听，结果他的反应更强烈，这意味着他已经听他们的声音好长一段时间了。宝宝也会对母亲怀孕时经常播放的电视或广播节目特别有反应（事实上，从母亲怀孕的第七个月起，宝宝的听力系统已初具功能，所以他出生前两个月一直在听这些声音）。

新生儿的听力不如成人敏锐，但在几天之内，已能区别自己的哭声与其他宝宝哭声的录音，也能分辨出真的宝宝哭声与电脑模拟哭声的不同，而且他会以更响亮的哭声回应前者。在这个阶段，他比较喜欢音调较高且明显有很多高低起伏的语调。

当宝宝听到很轻的声音时，他会反射性地转向声音来源，当身边出现新的声音时，他会停下动作，这都是他正在听的表现。一开始，他对环境中许多声音的反应并无不同，因为这些声音当时对他几乎没有任何意义。

不过在数周内，宝宝会逐渐理解经常出现的重要声音的含义，例如跟喂食相关的声音。他一开始只能辨别离他非常近的声音，不过当声音来源更确定时，他会开始辨别距离较远的声音。

宝宝的第二个月

沟通发展

宝宝奇妙且真正的第一个笑容，大约出现在出生后六周时。这个对大人来说威力强大且完全让人融化的笑容，足以让大人心甘情愿做任何事，甚至不惜用倒立来博取宝宝一笑。在这个阶段，他所发出的声音多寡与面部表情改变的频率，不会因为他是否看着大人而有所不同。他会对广泛的刺激微笑，而不仅是对人的刺激微笑。不过他有时候会主动与大人互动——先看着他们的眼睛，然后把视线移开。

在这个阶段，宝宝对自己的整体环境越来越感兴趣，尤其是对人也越来越感兴趣。他常把头转过去看声音的方向，且似乎会专注倾听是谁在说话。他似乎会回应说话者的语调。在出生后一个半月左右，别人对他说话时，他偶尔也会微笑。

此时宝宝也开始发声了。他有时会发出表示满足的咕咕声。宝宝在此阶段通常会发出特殊的声音表示肚子饿，开始以发出声音来吸引大人关注，这是他第一次赋予声音特别的意义。

整体发展

宝宝现在醒着的时间较长也较明确。这个阶段的动作发展主要是不对称颈张力反射，也就是头部转向偏好的那侧；同时该侧的手臂会伸展，另一侧的手臂则弯曲。这个姿势将限制他的视野，但他眼部肌肉的控制能力正在发展。他现在可以把头转向摇铃或移动的光线，并让视觉追踪移动的物体，一开始是横向，然后是纵向。他可以观看游戏活动，有时候可以长时间注视某物体。他的头部控制力也越来越强，俯卧时能把头抬起。他的肌肉控制力也越来越强，洗澡时能强而有力地踢水。

注意力

宝宝会在第二个月发展出短时间维持注意力的能力。最初是横向移动的物品容易引起宝宝的注意。在此之后大约一周，纵向移动的物品也会引起他的注意。当宝宝看到吸引他的东西时，会突然不动，然后热切地盯住该物。他也可能专注地看着你，虽然时间可能不长。宝宝现在会注意身边所有的声音，而不仅是他最熟悉的声音。

听力

宝宝一个月大时，对各种声音都展露出兴趣，并且会专注地盯着某个发出有趣声音的玩具一段时间。宝宝在四周大时，可以区分语言中最小的单位：音素。如可以听出“pa”与“ba”的差别，虽然这两者的差别很小。因此，我们或许可以推断宝宝已经适应了口语，但也可能是口语迎合了宝宝与生俱来的语言机制。

宝宝在两个月大时，已能分辨男性与女性的声音。

宝宝的第三个月

沟通发展

宝宝从第八周开始，他的凝视与发出的小声音更多指向大人。到了第12周，他对环境中的人展露出比任何其他刺激物更明显的偏好。他对人发出的声音比对其他东西多，尤其是对自己的妈妈。他开始对妈妈的面部表情与声音语调做出反应，而且自己也可做出面部表情。相较于陌生人，他对熟悉的大人更容易展现笑容。

此时，宝宝对口语的兴趣快速提升，经常四处看并能成功找到说话者。他可以辨别出愤怒与和善的语气。他会经常看着说话者的嘴唇与嘴巴，而非整张脸，似乎知道有趣的声音出自此处。他对所有类型的声音都感兴趣，并会不断以眼睛搜寻声音来源。例如他的目光会追随开门的声音、餐具碰撞的声音及所有与家务相关的声音。他对音乐的兴趣表现在听到声音时会安静下来。任何类型的音乐他都喜欢，不管是流行乐还是古典乐。但在这个阶段，他喜欢轻柔的音乐胜于嘈杂的音乐，并且最喜欢的还是妈妈唱给他的歌。

这一阶段的宝宝更常对自己发出声音，且发出声音的质和量都有进步。他也可能把10个以上的小声音串在一起，在吃东西或吃完后，有时会发出一连串类似英文元音的声音。当宝宝三个月大时，他已可以发出令人欢喜的笑声，且能以微笑来回应他人的微笑。

在这个阶段，咕咕声仍是宝宝主要的发声。当他感到满足时，也会有意地发出嬉戏声。他以舌头与嘴唇进行探索，看起来仿佛想说话，这种情况最常发生在与大人面对面时。他发出的声音从口腔前侧转移到后侧，运用的声音范围也较之前大为扩展，此时会发出大量表达性的声音，如咯咯笑、大笑与欢声尖叫。

在这个阶段，互动性发声的能力也在进步。当别人跟他讲话时，他有时会发出声音，也会以咕咕声伴随微笑（这是多么令人无法抗拒的组合）来回应大人的目光。令大人与宝宝兴奋的语言互动从现在开始发生。宝宝发出的声音更多了——尤其是熟悉的大人用生动的面部表情对他说话时——这是名副其实的人生对话之始。

整体发展

宝宝在这一时期的许多新进展，都是因为他学会了控制头部，并且在三个月大的时候，他已能控制负责眼部活动的12条肌肉。他现在仰躺时可以把头抬起，坐在大人腿上时头已很稳固。他还可以从某物体看向另一个物体，以视觉追踪绕圆圈移动的物体，并观看被拉行的物体。

此时宝宝正逐渐丧失不对称颈张力反射，以及许多其他早期反射。他喜欢坐着，表现出对周围世界与日俱增的兴趣，并开始意识到熟悉的情境。当玩具放在他眼前时，他会立即看向玩具，露出兴奋的神情，并展现伸手去拿的生涩动作。他还可以挥动手臂，把手臂往中间靠，并玩弄手指头。宝宝似乎从这个时期才开始注意到手指头的存在。当他专注地看着手指头时，如果有人把摇铃放在他手中，他可以紧握摇铃。此外，他洗澡时踢水的动作也更为有力了。

近期令人兴奋的研究发现，稚龄的宝宝似乎对物理世界的原则，有着惊人的理解，这点跟我们之前的认知不同。宝宝似乎知道固体不能穿过另一个固体，物体没有支撑物就无法挂在半空中。另有证据显示，三个月大的婴儿记得被藏起来的物品仍然存在，这个记忆包含被藏物品的方位、大小、硬度与弹性等。为什么宝宝此时不运用这项能力来寻找物品，而要到八九个月大时才这么做？这仍然是个谜。

我们现在也知道婴儿出生后就开始形成概念。例如，宝宝三个月大时，拿一系列马的图片给他看，他可形成排除其他动物的关于“马”的概念，甚至连斑马都会被排除在该概念之外。新生儿在短短三个月内，似乎已成为能力惊人的小小科学家。

注意力

宝宝三个月大时，开始学会控制自己的注意力，这是他第一次有意识地将注意力从某物体转移到另一个物体上，虽然仅是短暂的凝视。他可以短时间观看感兴趣的物体绕圈移动，也可以观看物体被绳子拖着走。他对人表现出较持久的注意力，可凝视说话者的嘴巴，并喜欢看人到处活动。在这个阶段结束前，他刚学会把目光转移到别人在看的东西上，这是与大人共享注意焦点的前兆，而共享注意焦点的能力对语言学习非常重要。

听力

宝宝前几个月时会到处寻找说话者，听到别人说话会安静下来，在第二及第三个月时，宝宝开始对说话的人展现出浓厚的兴趣，对音乐与环境中的其他声音也更加敏感。然而宝宝在这个阶段仍无法仅专注于前景音，或把背景音过滤掉，这一点对于儿语潜能开发计划有非常重要的意义。

这样和宝宝玩游戏

从现在起，可以将游戏和语言美妙地结合起来。此时的游戏完全建立在大人与宝宝互动的基础上，尚未涉及外部的物品或事件。因此，对宝宝而言，大人基本上是这个时期唯一所需的游戏器材。宝宝会巧妙地带领你进入他觉得最有趣又有意义的活动。

跟新生儿进行身体游戏是他很享受的一件事，此时你应该是游戏活动的发起者。拍拍他的脚，轻搔他的小脸，让他的手指绕着你的手指，数数他的手指和脚趾，用头轻撞他的小肚子，这些活动对你们来说都很有趣，若能搭配我们稍后讨论的口语输入，就有助于刺激宝宝用自己的感官去探索环境。即使是最初几周的游戏，对于形成信任关系也很重要，更是日后语言发展的重要基础。

宝宝两个月大时，轮流发声将成为你们游戏中很愉快的一部分，但在这个阶段你必须配合他，而非让他配合你。

宝宝玩具箱

- 宝宝很喜欢看色彩对比鲜明的悬挂物，尤其是黑色与白色。
- 简单的铃铛与其他音乐玩具是很好的听觉玩具。
- 宝宝喜爱容易抓握、可啃咬的鲜艳物品。
- 各种质地的东西都可刺激宝宝的感官，比如一块简单的布，也可以是这个阶段的最佳玩具。

宝宝三个月大时会出现许多改变和发展。他现在需要可以看与听的东西，到这个阶段快结束时，还需要可抓握的物品。如果你把摇铃放进宝宝手里，他会摇动它。你把物品递给他，他会伸手去接，也喜欢把玩这些东西。宝宝的口腔是他主要的探索工具。他会开始观看距离较远的东西，并需要大人为他改变视角，好让他有不同的东西可看。他需要独自把玩许多不同物品的时间，也需要很多跟大人嬉戏的时间。他喜爱音乐和歌唱，也享受拳打脚踢、挣脱衣物的感觉。

电视与影片

虽然电视可协助特定阶段的孩子学习，能让孩子见识世界的不同面，也是很好的娱乐来源，但是电视可能妨碍宝宝其他方面的发展，尤其在非常早期的阶段。

正如前文所述，婴幼儿具备与生俱来的沟通与互动倾向，并且可以在最初的数月或数年间以惊人的速度取得巨大的进步。然而，宝宝若要取得这项进步，必须有可回应与沟通的伙伴，这一点电视绝不可能胜任。请不要忍不住用电视来安抚宝宝的骚动或哭闹。电视无疑是强大的刺激来源，因为它有变动的鲜艳色彩，足以吸引几周大的宝宝，然后宝宝会积极地看电视。但是，请务必抵御诱惑。

宝宝发展正常的指标

宝宝3个月时的正常表现：

- 跟宝宝玩的时候，他会咯咯地笑或笑出声来，由此可见他有多么喜欢这件事；
- 发出咕咕声，或一些由不同的声母与韵母组成的小音节；
- 跟宝宝说话时，他偶尔会发出声音回应，这是对话的开端；
- 表现出对口语很感兴趣的样子，会用眼睛四处搜寻说话者，并观看他们的嘴巴；
- 对声音表现出兴趣，例如与家务活动有关的声音；
- 明显表现出听音乐的爱好。

妈妈要注意的异常表现

宝宝3个月时，如果有以下情形，请寻求专业帮助：

· 不会笑；

· 听到声音或被抱起时不会安静下来；

· 不会用简单的声母发出咕咕声；

· 从不转头去看光线或关注发声的摇铃；

· 饿了的时候，不会用哭来表示。

儿语潜能开发这样做

这天终于到来，你抱着奇迹般的新生宝宝回到家，想为这个全然依赖你的小东西付出一切。不用担心，小宝宝在这个互动过程中显然不是被动的角色，他会在互动中做出巨大的贡献。虽然各种文化在养育孩子的具体操作方面差异颇大，但在生物学上受到激发时的反应几乎在所有文化中都大同小异——我们几乎都天然地知道如何与新生儿交流。

不过往后的阶段并非如此，届时我们需要学习该怎么做。在最初几个月，只要满足一些非常重要的条件，你就可能不费吹灰之力地达成目标。随着宝宝年龄稍大，我会一一告诉你从宝宝身上可以看到的转变。如果有些事并未如期发生，你需要做的调整也将是简单而愉快的。

一天半小时，完全属于你和宝宝

首先，这也是贯穿整个计划的原则，就是跟宝宝建立起一天半小时、可以完全专注于彼此的一对一时间。这段完全属于你和宝宝独处的时间，是你能给他的最好礼物，这能让宝宝获益匪浅。你不需要另外规划特定时间，只需延长喂食或换尿布的时间即可。这段时间不但可以让你们互相了解，也能让你从宝宝的角度看世界，且充分了解他惊人的能力。

一对一游戏时间，环境一定要安静

宝宝的注意力在这段珍贵的独处时间中，正开始以小而微妙却非常重要的方式形成，但环境必须安静，尽可能不要有电视、影片、广播或音乐的干扰，也尽量不要有其他人进出。

相较于成人，宝宝需要差异更大的背景音与前景音，才能逐步专注于特定的前景音，且过滤掉背景音。

在这个阶段，宝宝能辨别如“baba”与“papa”的声音。许多研究证据显示，必须要让宝宝有机会大量且清楚地听见口语，他才能辨别上述声音，所以宝宝一定要在安静的环境中听大人对他说话。研究还发现，大人彼此对话的背景音，对宝宝的上述发展并无帮助。所以，若有不止一位大人愿意与宝宝进行儿语潜能开发计划虽是好事，但每位大人务必在不同的时间分别进行。

我们处在嘈杂与充满刺激的环境中，许多孩子真的没经历过只倾听或注意一个声音来源的情境。我曾做过一个研究，研究对象为数百个宝宝，高达86%的宝宝竟然都是如此。

听力与注意力这两个基本技巧，是孩子日后所有学习的关键。我们会在书中探讨许多能协助发展这些技巧的方式。

TIPS 与宝宝游戏时请保持房间安静。

如何跟宝宝说话

你可以从宝宝出生的第一天起，就开始跟他说话。许多研究证据显示，对孩子讲话的多寡与他们的语言发展有着非常密切的关系，而且越早开始越好。虽然宝宝还听不懂你在说什么，但是你的声音能清楚地向他传达出你的感觉，这是建立亲子感情最强有力的因素，而这种感情也是维系宝宝一生心理健康的关键。我们都见过大人通过说话来安抚宝宝是多么有效，更重要的是，语言是你回应宝宝的主要方式。

在这个阶段，平时说些什么其实不太重要，虽然往后确实非常重要。你可以跟他说现在正发生什么事，或者你心里在想什么。例如，你可以说："现在是我们的游戏时间。你现在看的是泰迪熊。"我清楚地记得，我曾在带女儿从出生的医院回家的路上，告诉当时三天大的女儿途中所有路标的名称。有时候你也可以说诸如此类的话："我很喜欢我们特地为你房间选的动物图案的绿色壁纸，希望你也喜欢。"

TIPS 常常跟宝宝讲话。

但是，在你与宝宝独处的安静环境中，请以较特殊的方式对他说话：

- 用抑扬顿挫、短而简单的句子跟宝宝说话。你可以说"你上来了"或"你在我腿上"。
- 跟宝宝说话时音调要比跟成人说话时高一点。
- 慢慢讲，每个短句或句子之间暂停一下。
- 重复讲，例如，"这是你的手指，一根手指、又一根、又一根……"或"泰迪熊的眼睛，泰迪熊的鼻子，泰迪熊的嘴巴……"
- 与宝宝面对面靠近说话，即使你会克制不住一直想摸他。
- 你也可以对宝宝讲一些这个时期自然而然脱口而出、甜蜜而没有太大意义的话，例如，"谁最棒？你最棒，对啊，就是你啊，你最棒了！"

大量重复对宝宝说的话。

宝宝对我们在这个时期说话的节奏、音量与音调起伏都特别敏感，大人们也习惯以较高的音调对宝宝说话，这是因为宝宝的外耳道与成人相比，能与较高的音频共振。这种说话方式最能帮助宝宝在一个月大时建立辨别音素的惊人能力。

用较高的音调对宝宝说话。

这也是最能吸引宝宝注意力的说话方式。大人这样说话时通常会面带微笑、表情多变，这同样也能吸引宝宝的注意。

重复说话也很重要，宝宝的大脑会因经历重复而形成回路。在最初几周，你可能会发现自己和宝宝同时发出声音。6～8周时，你和宝宝的对话才真正开始。请配合宝宝的活动并给他相应的回应，例如，他对你发出咕咕声，你就对他发出一样的声音。他左右摆动自己的头，你也立刻这么做；他对你笑，你就对他笑，这真的是你们之间终生对话的开端。当你用夸张的面部表情、高低起伏的声音，生动地对宝宝说话时，宝宝也会对你发出较多的咕咕声。你的回应方式就像他正意图传达某些特定信息给你，例如，在他躁动时，你回应他：“噢，你饿了，我喂奶给你喝。”这会帮助宝宝了解我们发出的声音其实是有特定作用的，且带领他走向沟通之路。

TIPS 开始跟宝宝互动“对话”。

当宝宝接近三个月大时，大人通常会开始模仿他发出的声音，更常回应他尚无意识的沟通，与他产生越来越多的“互动”对话。尽量模仿他的声音，这是此阶段发展“对话”的重要方式。

你在这几个月应该常常对宝宝唱歌，他会很喜欢听，宝宝不仅能被你的歌声安抚，也能体会到聆听声音是非常享受的事。从聆听的角度来说，在安静的背景中，没有比唱歌更好的前景音了。随便选唱什么歌曲、曲调都行，只要唱你记得也喜欢的就好。经常哼唱同一首歌，对宝宝很有益处。

TIPS 模仿宝宝发出的声音。

有时候当你在忙其他事情时，你可以用现场报道的方式跟宝宝聊自己正在做什么或发生了什么事，例如：“我正在削土豆，一个下了锅，另一个也下锅了。我最好动作快一点，我们今天要早点吃午餐。”这种说话方式让你在不直接与宝宝接触时，仍可与之保持某种程度的接触。此外，这可让宝宝听到语言的全貌，包括节奏、音调与重音。

如何问宝宝问题

“问句”在大人对儿童的语言输入中，占相当大的比重，问句可能对孩子大有帮助，也可能帮助不大，这取决于我们如何使用问句、为什么使用问句以及使用多少问句。在宝宝出生后前三个月，你会发现自己用了很多设问句，例如：“谁是聪明的小宝宝啊？”这种问题不需要回答，仅是情感陈述，这样做非常好。稍后我们对于问句也会有更多讨论。

当宝宝同时接触两种语言

很多人问我，当家里大人讲的语言不止一种的情况下，该对宝宝说哪一种语言。

案例：

有一位父亲是法国人，他的妻子是希腊人，他们居住在伦敦。他想知道应该跟一月大的女儿讲什么语言。我听到这种情况时的第一反应就是这个孩子好幸运，能有流利运用三种语言的机会，并得以接触不同文化的文学。我的建议是，他们完全不需要担心的语言是英语，因为他们的女儿在适当的时候一定可以从环境中习得英语。接着我建议，他与妻子跟宝宝单独相处时，分别用他们的母语跟她说话，这样她就能毫无困难地学会这两种语言，如果他们能遵循儿语潜能开发计划，那么这个基础能让她日后轻易就学会第三种语言——英语。

我最近出诊时碰到一个讨人喜欢的3岁希腊小女孩伊莉萨，家人很担心她的语言发展迟缓。因为伊莉萨与人沟通时都是用单字，仅偶尔用两个字的短句，且不太会组句。她的父母都是希腊人，住在英国，英语是他们的第二语言，他们觉得应该用英语跟她讲话才对。幸好这家人夏天时准备回希腊，我建议他们完全使用希腊语与孩子对话，而且每日遵循儿语潜能开发计划。两个月后我再度看到这家人，伊莉萨的父母对她学希腊语的速度之快非常惊讶。于是伊莉萨的父母在家里继续跟她说希腊语，他们也惊讶地发现，伊莉萨在游戏小组（非正式的学前教育机构）中很快学会了英语。

许多父母都担心自己的孩子会因为接触超过一种语言而造成语言混淆，但这种情况仅发生在父母高度混合使用两种语言时，例如，在一个句子内同时使用好几个夹杂两种语言的词语，或用非母语的语言对孩子说话。使用非母语的语言时，要调整自己讲话的方式其实并不容易，儿语潜能开发计划的主旨就是在日常游戏时间，以非常具体的方式调整我们对孩子说话的方式，给宝宝唱传统儿歌、跟宝宝玩语言游戏都对宝宝的语言发展很有帮助，但如果不是用你的母语，就不太可能知道这些资源。

我曾接到一位焦虑的母亲打来的电话，她三周大的宝宝因疝气疼痛，问我宝宝晚上不舒服的时候给他吃奶嘴会不会对他有不良影响。我毫不犹豫地回答："当然不会！"身为新手父母，我们都需要帮助。我从未碰过宝宝因为吃奶嘴而严重影响语言发展的情形，除非宝宝或幼儿感到有趣的事太少，以及与他人的互动太少，使得他成天吸奶嘴或手指，才可能导致问题。

跟宝宝独处半小时以外的时间，你可以做什么？

- 跟宝宝持续讲话，讲你正在做什么或现在正发生什么事，这会让他感受到语言的全貌。
- 把背景噪声减到最小，让他一次只专注于一种声音。
- 尽量用短句，并大量重复。
- 对宝宝唱歌，随便什么时候唱、唱什么都可以。

阶段❷

3～6个月

宝宝对你越来越感兴趣了，尽情回应宝宝

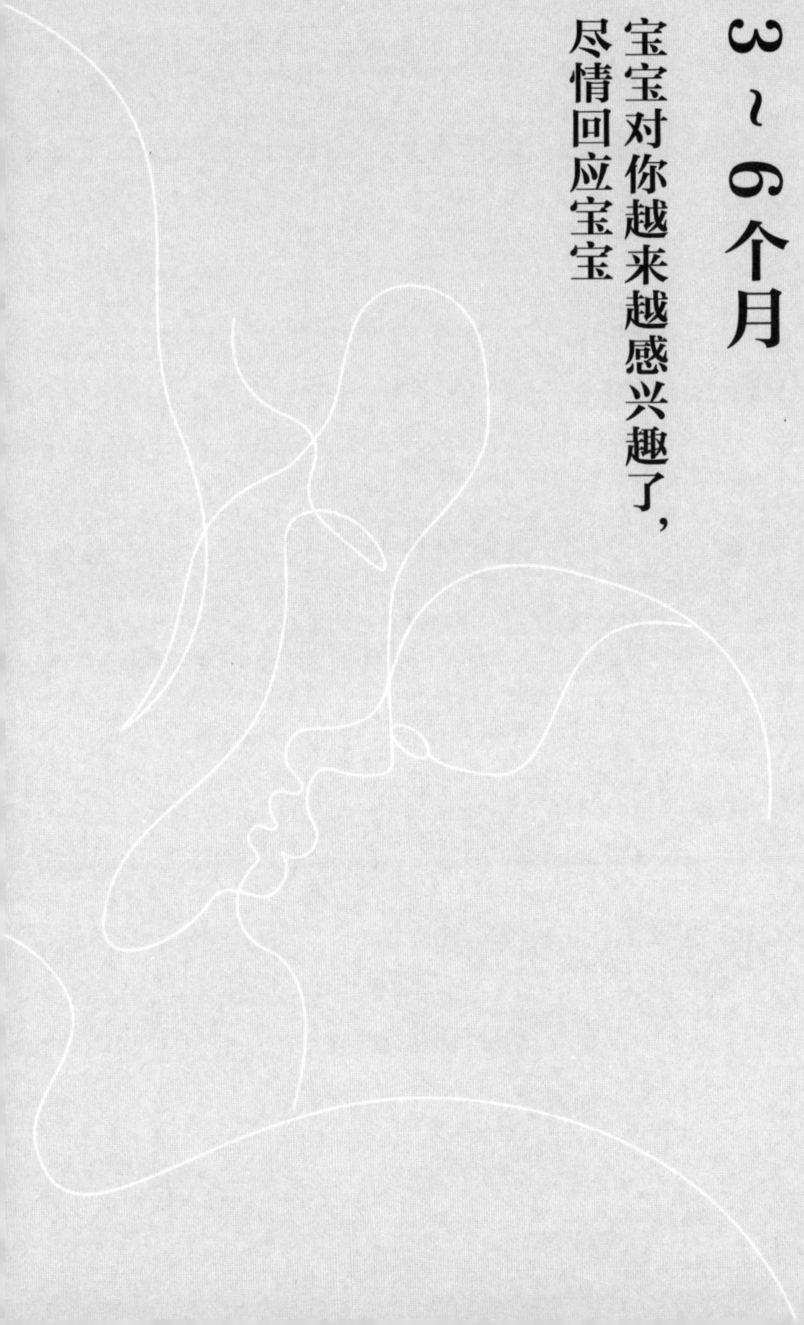

3~6个月的宝宝

这是一个非常愉快的阶段，而且在许多方面都会比上个阶段轻松一些。很幸运，你的宝宝已养成规律的喂食、睡眠与游戏习惯，这让你感觉生活终于多了那么一点点规律性。

宝宝在此阶段不仅对你或对其他人展现出社交的兴趣，还会以迷人的笑容与笑声回应你们。大约要到6个月时，他才会开始惧怕陌生人，跟陌生人互动时也需要你在身边才会安心，并且坚持在熟悉的环境中睡觉。

宝宝可能借由翻滚，第一次展现行动力，所以别让各种东西挡住他翻滚的路。宝宝开始理解周围的世界，专注地看着周围的所有东西，并伸手抓取。当他看到大人正在为他准备食物时，也会很兴奋。

宝宝的第4个月

语言发展

在这个阶段，宝宝将继续积累前三个月发展所得的技巧，而他对人天生的兴趣将引领他走向实际口语的开端。宝宝目前仍处于前口语阶段，接下来所发生的几个重大发展，将带领他说出那美妙的第一个字。

就社交互动而言，这个阶段的宝宝会出现以下两个重大改变。

第一，有人跟宝宝讲话时，宝宝会开始出声回应，这种回应是宝宝与人对话的真正开端。

第二，宝宝眼部的活动变得更灵活。宝宝看物体的时间变长了，眼睛也比较容易追踪移动的物体或大人的视线，因此能与大人共享注意焦点。

宝宝头部与眼睛肌肉刚形成的控制力，让他得以转头寻找说话者。宝宝对周围的说话声也越来越感兴趣。宝宝对与人互动也越来越感兴趣。例如，他经常会或自发或因回应他人而笑出声来，有时甚至会对着镜中的自己微笑。又如，他经常搜寻说话者在哪里，不仅找他最熟悉的人，也找不在他的视线范围内的说话者。

宝宝在某种程度上已对语言的沟通意图有所了解，知道自己听见的是打招呼或警告。他也对语言的感情色彩颇为清楚，听见愤怒的声音会害怕，听到安慰的话会放松。

在这个阶段，宝宝会继续发展发音技巧。他开始牙牙学语，重复一些小声音，多半是以双唇发出的音，比如“p”“b”“m”等。

整体发展

宝宝能找到说话者，是因为他对身体的控制力增强了，如果是以坐姿被大人抱着，背可以挺住，头可以持续抬高，俯卧时也可抬起头部和胸部。

除了语言的发展外，宝宝开始意识到自己的双手，并开始玩弄手指头。他会伸手去抓感兴趣的东西，也可以握住别人递给他的环状物，如果有人想把东西拿走，他会表现出抗拒。在智力发展上，宝宝已知道物品离开视线范围后仍持续存在。

注意力

之前曾提到，宝宝偶尔会改变凝视的方向，与妈妈眼神交会，这是宝宝建立共同关注点的前兆，这个进展将帮助他在词语和其意义之间建立联系，并以许多方式理解“世界如何运转”。

研究发现，从妈妈对宝宝4个月时注意力发展的敏感程度，可预测宝宝13个月时的语言发展程度。一项有趣的研究结果显示，意识到宝宝4个月大时的注意焦点转瞬即逝的妈妈，其宝宝17个月时懂得的词语，比起妈妈未有此意识的宝宝要多。这可能是因为妈妈对宝宝的注意力焦点越清楚，越能更多地跟宝宝谈论这些焦点。

这个阶段的宝宝还有一个特点：当你的注意力不在宝宝身上时，他会想办法吸引你的注意。例如，他会使劲做出动作，有时伴随着小声音，目的是让你注意他。

听力

由于宝宝的肌肉控制力大幅进步，现在可以左右张望寻找声音，这是宝宝未来直接找到声音，联结声音与声音来源的第一步。在这个阶段，他无法只移动眼睛，必须转动头部。他对人们说话时的声音特别感兴趣，会费力寻找视线范围外的说话者，也因为他对声音实在太感兴趣，所以常会停下自己的活动，以便听得更仔细一点。

正如之前所提到的，宝宝首度开始把意义附加在自己所听见的语言上，对不同语调的声音会表现出不同的反应。他意识到妈妈的声音可以传达愉快、警告，甚至不悦，而他听到愤怒的声音也会感到害怕。

宝宝开始听自己所发出的声音并乐在其中，他借由舌头与嘴唇的运动来发出各种不同的声音，且接收他人对这些声音的反馈。

宝宝的第5个月

语言发展

宝宝对环境的意识、理解与兴趣正快速提升。他首度对某事表现出期待，这一点可由他听到别人在准备他的食物时，显露的兴奋情绪表现出来。他在听到别人对他说话，或听到音乐时停止哭泣或躁动，也是这个原因。

宝宝已开始将语言的片段与特定活动或情境相联结。例如，他可能听到大人语调生动地说“妈妈抱抱”时，就把双手举起来。宝宝第一次把词语和意思联结起来的神奇时刻，似乎也在这个时期发生，如他可辨认自己的名字，听见有人叫他的名字时，会马上四处寻找说话者。他似乎理解了由这一系列音组成的名字指的就是自己。不久之后，宝宝似乎就能理解“不可以”是什么意思，虽然他不一定会听从。

宝宝的视觉追踪在这个阶段已成熟，5个月大的宝宝能找到在他附近说话的任何人。这可让宝宝和大人间有更多的共享注意焦点。他现在可以认得自己的兄弟姐妹，也喜欢看他们玩。母亲的一举一动会让他理解事物的目的和意义，有助于他理解“世界如何运转”。

当宝宝独处或与别人在一起时，会频繁进行发音游戏，他所发出的音范围较之前宽广许多，已能从口腔后部发出“g”和“k”的音，也常以特定音来表示自己的不悦。每个宝宝所发出的特定音都不同，只有经常跟他相处的人才知道他的意思。

此时宝宝的沟通仍没有意图性，但他的动作、声音与面部表情，让旁边的大人比较容易了解他的感受与想要什么。大人辨识出宝宝的意图，与宝宝之间形成共享式意图，对于宝宝的语言发展极为重要。

整体发展

现在只要轻扶宝宝，他就能坐直。他可以转动头部，仰躺时可抬起头来。有些宝宝在这个时期会出现重大进展，可以由一侧翻滚到另一侧。这是宝宝首度体验到行动力，以及对自身环境的部分控制力。接着宝宝会开始广泛地探索，并从不同角度观看物体与活动。

宝宝现在可以伸手去拿并抓握物品，虽然有时候会伸过头。他不可避免地会把东西往嘴里放，这是他现阶段探索物品属性的主要方式。他也喜欢玩手指和脚趾，对自己手脚的认识加深了。

注意力

就注意力发展而言，宝宝这个月与上个月的改变不大。基本上宝宝的专注时间极为短暂，只要一点小事就能让他分心。当他发现你的注意力不在他身上时，他吸引你的方式为“叫唤”，也就是大声嚷嚷，好让你注意他。

听力

宝宝现在寻找声音来源的技巧越来越熟练，虽然他仍需要把整个头转过去，不能只移动眼睛。他不仅能找到与耳朵同高的声音来源，也能找到视线之下的声音来源。他可能转头去看周围的任何声音来源（不只是他熟悉的人），不过他还是更可能转头去找家人的声音。他也开始把比较熟悉的声音与其意义相联结，例如，听到门钥匙转动的声音就很兴奋。他对音乐很感兴趣，非常喜欢有人对他唱歌，也喜欢听乐器发出的声音。

一些有趣的研究指出，这个年龄的宝宝对于语言的速度、重音与音调模式已经很敏感。他的语言习得机制早已开始运转。

宝宝的第6个月

语言发展

宝宝在这个月，对环境中所有人的认识，出现了标志性的变化。他对不同人会有不同反应，尤其是开始意识到谁是陌生人的时候，也会第一次表现出害羞，还会识别到同龄宝宝，对他们微笑并发出声音。

宝宝现在了解了语言的通用意义，如警告或愤怒，并开始理解许多情绪，在往后的假想游戏中也会用上这些情绪。令人兴奋的是，他现在已能理解一些常听到的重要词语，如“爸爸”和“再见”等。他理解这些词语的时间远远早于实际运用的时间。他会开始记得并对日常例行活动有所回应。他对“不行”的意思理解得更深，并且大概有一半的时间愿意服从这个指令。

在这个阶段，宝宝的发音出现了很大的变化，无论是发音的方式，还是使用这些音的方式，都有了很大的变化。他能由口腔后方发出“g”和“k”等音，也开始吐出一连串重复的含糊音节，如多次重复同样的音节，比如“吗吗”“嗒嗒”“吧吧”等，这些音节都来自口腔前端，是容易发出的音。有时候人们会以为这是宝宝所说的第一个词语，不过这个小小的奇迹其实尚未发生。宝宝很明显正享受发音的乐趣。宝宝沟通发展的重大进展，是当他开始针对某人发出咿呀声，仿佛知道我们对彼此发出许多声音，他也想加入这个游戏。他有时会打断别人说话，不等别人停下来就发出声音，也会开始跟着音乐哼唱，有时候发出声音时还会配上手势，而且觉得模仿咳嗽很好玩。

宝宝现阶段发出的音开始转向他所听到的语音。他发音库里的音开始转变为周围语言中的语音，而周围语言中所没有的音则逐渐被淘汰。有趣的是，接触一种以上语言的宝宝，在两种语言中都能做到这一点，这也是只有在婴儿期或童年早期听过某语言的人，才能以完美的口音讲出该语言的原因。

整体发展

宝宝在这个阶段几乎不需要人扶就能坐着。俯卧时，会出现爬行的反应。翻身的能力扩展了他的视野。他喜欢被举起来晃动，也会自己把手举起要大人这么做。他伸手取物的动作变得精准许多，大人能轻易知道他要什么。他有时候会发出声音来配合伸手取物的动作，这是宝宝将说出物品名称的前兆。

在这个阶段，他以同样的方式对待所有的物品，拿起所有东西敲击和摇晃，然后往嘴里放。宝宝开始了解事物的因果，如敲击玩具可发出特定声音。

宝宝日益进步的手部灵活度与技巧有助于他的探索。宝宝现在的手眼较协调，使他能有目标性地操纵物品，他可以用手捡拾小东西，从桌上拿起某个玩具，并抓住别人拿到他面前的东西。他还无法自发地松开物品，也不能一次拿超过一种物品，如果别人递给他第二个玩具，他会先放下第一个。他开始意识到物品的功能，如杯子是用来喝东西的。

这个月龄的宝宝基本上求知若渴，他专注地观看所有发生的事，观察大人怎么玩玩具，然后试图模仿他们，也喜欢模仿大人的面部表情。另一项进展是他会到处寻找伸手可及范围外的玩具。

注意力

此时，宝宝的专注时间逐渐变长，但仅针对以下事物：

- 对宝宝已产生意义的事物；
- 刚好是宝宝感兴趣的事物；
- 在宝宝附近的事物。

宝宝首度有选择性地倾听某声音，并专注于重要而有趣的事情，这对于日后的学习非常关键。

不过，宝宝现在仍很容易分心，一次仅能专注于某种感官，如听觉、视觉或触觉所获得的信息。当他全心专注于以手或嘴探索物品时，就无法专心听，与人的目光接触也减少了许多。遇到这种情况时，你可能会短暂地怀疑，他是不是听不见或得了自闭症。其实不是，他只是在忙。

宝宝这个时期最重要的发展是追踪大人的视线——看他在看什么——这能让宝宝和大人共享注意焦点，这项能力将开启他日后的学习之门。

宝宝现在可以观看大人玩玩具，他试图模仿大人做的事，然后共享注意焦点，一起进行游戏，这也将开启他另一个极为重要的学习途径。

听力

宝宝在这个时期听力发育将出现重大进展。他会更迅速地转头寻找声音来源，但只有在这些声音来源与他的耳朵在同一条水平线上并且靠近他时，他才能直接这么做。宝宝对倾听展现出极大的兴趣，他会扫描环境中所有的声音，然后建立更多声音之间有意义的联结。他倾听的能力仍极为有限，因为他的听觉专注时间极短，还不能持续倾听，但对于那些已对他产生意义的声音，则可维持较长的注意力。即使在这种情况下，他也极易分心。然而，他已经可以辨别靠近他与离他较远的声音。

宝宝首度可以偶尔同时看与听，这是宝宝发展中的一个重要里程碑。过去他还完全无法做到这一点，这项能力在现阶段也不太稳定，要仰仗环境配合才能展现出来。只有在房间非常安静、看与听的对象相同，而且是他非常感兴趣的事物时才行。如果他正忙着以手或嘴研究某物，就完全无法倾听。当你给他新玩具的时候，除非他已先完成他的探索，否则此时跟他聊玩具的事没有任何意义，这种情形将持续很长一段时间。

许多研究都观察到，即使在这么早期的阶段，每个宝宝的倾听能力差异也相当大，而这些差异是环境条件所致。

这样和宝宝玩游戏

游戏是语言输入的完美媒介。不同年龄段的游戏其实有许多相似之处。

宝宝现阶段的游戏应贯穿两个主轴：

- 现阶段游戏的基础为大人与宝宝一对一的互动，和前三个月所有的游戏一样；
- 由于宝宝对身体的控制力与手眼协调能力日益进步，对环境的觉察力也在增强，现阶段也可加入把玩物品的游戏。

第4个月的游戏

这个时期是重复性互动游戏之始，对宝宝和大人都是很有趣的过程。大人与宝宝在游戏中的动作同步且结构化，使宝宝可预测下一步要做什么。游戏是宝宝最早开始控制某情境的机会，能让他略微理解事件的发生顺序，并知道自己何时以何种方式参与其中。

跟宝宝玩肢体游戏乐趣无穷，尤其宝宝现在对身体部位已更有意识。他喜爱挠痒游戏，他嬉闹的回应透露出他浑身上下都极为享受这个游戏。

儿歌作为游戏的重要部分，其重要性也将贯穿整个婴儿期与童年的语言发展期。宝宝能生动地传达对游戏的喜爱，尤其是配合着肢体律动的游戏。这个兴趣与宝宝对语言节奏萌生兴趣的时间点一致。

宝宝会不太协调地把玩物品并将其放入口中，借此享受探索的乐趣，所有物品在这个阶段受到的待遇都相同。宝宝的口腔显然是他研究物品的主要工具，他通过这些研究持续不断地学习。

第5个月的游戏

宝宝对简单的互动仍乐在其中，预测每个人的动作成了他乐趣的重要来源。大人把脸藏在靠枕后再突然拿开靠枕的躲猫猫游戏，是此时期宝宝最爱的游戏。宝宝的肢体语言与发出的声音，清楚传达出他了解游戏双方的角色——把脸藏起来的人决定什么时候露脸，而另一方则屏息以待。宝宝希望继续游戏时会清楚地让你知道。他喜欢可能猜到下一步会发生什么事的重复活动，并开始积极参与角色互换。他仍非常喜爱肢体游戏，并开始玩弄手指与脚趾。宝宝在此时期建立起稳固的社交互动的基础，对沟通过程的理解也在此时逐渐形成。

宝宝伸手取物与抓握物品的控制力此时相对较佳，这使他对物品的兴趣随之增加。他仍喜欢把物品放入口中或用手碰触来探索物品，同时也开始摇动与敲击物品。他开始萌生对事情因果的理解，如理解敲击或摇动物品会产生噪声。他也喜欢研究不同颜色、质地与形状的物品。

宝宝现在会观看其他人做游戏，不管是大人还是孩子，并从中学习。他开始模仿别人玩玩具的方式，并加入游戏。他想一直玩下去，也会清楚地向大人表达自己想继续这个活动。

第6个月的游戏

宝宝喜欢肢体动作以及与发声有关的游戏，例如，把脸藏起来的躲猫猫。他也喜欢大人一边把他放在腿上轻晃，他一边发出滑稽的声音。他喜欢在游戏时被举起来晃动。

宝宝玩具箱

- 床铃
- 手摇铃
- 镜面摇铃
- 婴儿车玩具
- 软积木
- 软球
- 软布
- 小铃铛与其他会发出声响的玩具
- 铃铛球
- 泰迪熊及其他软玩具

宝宝的手眼现在开始合作，除了把物品放入口中或以手碰触外，用眼睛看也成了他探索的方式。他对玩具及其他物品的兴趣非常强烈，现在可较长时间地探索每一项物品，且全然投入探索过程，甚至顾不上看大人一眼。由于宝宝目前的专注时间仍非常短，他会快速将注意力由一件物品转移到另一件物品上。因此，宝宝现阶段的主要需求为各种质地、形状与颜色的物品，他会利用这些物品进行探索与研究。

宝宝现在观察妈妈与其他人的时间会越来越多，并因此开始了解物品的功能与事件的顺序，他日后也会把这些知识融入游戏。

电视与影片

关于电视与影片，现阶段与头三个月一样：宝宝还用不上这些，他的需求仍是有回应、能互动的伙伴。

宝宝发展正常的指标

宝宝6个月时的正常表现：

- 能通过身体动作和面部表情清楚地表明，他可以辨别生气与友好的声音；
- 开始懂得他常听见的词语的意思，如“拜拜”“爸爸”等；
- 对小请求做出回应，如“妈妈抱抱”；

- 似乎知道“不行”的意思，并在听到此类话后，有时会停下正在做的事；
- 独处或与他人在一起时，常玩发声游戏；
- 用一种声音称呼某人，开始与其“对话”。

妈妈要注意的异常行为

宝宝满6个月时，如果有以下情形，请寻求专业帮助：

- 宝宝不常转头到处看谁在讲话；
- 宝宝很少用眼睛追踪移动的物品；
- 跟宝宝说话时，他很少以声音回应；
- 宝宝不会发出声母与韵母的结合音，如“pa”“gu”等；
- 除了哭声以外，很少发出声音。

儿语潜能开发这样做

在接下来的3个月，只要遵循这些基本但极为重要的原则，宝宝将持续刺激你提供最利于他发展的语言输入。正如我们已看到的，宝宝在此阶段的发展速度非同小可。

一天半小时，完全属于你和宝宝

幸运的话，宝宝现在已经有规律的喂食、睡眠与游戏时间，你晚上终于能睡个好觉了。如果是这样，你就可以跟宝宝享受不受干扰的相伴时间，不必利用喂食或换尿布的时间进行游戏。如果宝宝尚未建立规律的作息，请跟从前一样利用那些时间，尽量寻求对你来说压力最小的方式。你对宝宝全身心的关注是给他的最好的礼物，他享受你的关注胜于一切，这对宝宝来说是最有效的纾解压力的方式，他随时都渴望你的关注。每天腾出一段专属于他的时间，成为他逐步探索世界始终如一的伙伴，也是你能赋予他最棒的学习机会。

一对一游戏时间，环境一定要安静

如前所述，保持环境极其安静，没有广播、音乐、影片或电视节目是非常重要的。宝宝本阶段的听力与注意力发展虽不明显但很重要，而且仅能在没有干扰的环境中，尤其是在没有背景噪声的环境中才能做到。宝宝专注于前景音、不去理会背景音的能力正是从此刻开始养成的。我们曾提过，宝宝一开始需要较大差异的前景音和背景音，才能培养这项能力。此外，宝宝需要清楚地听见自己的声音，才能把自己舌头与嘴唇的动作与其产生的声音进行必要的联结。

TIPS 宝宝需要清楚地听见自己的发音。

这个阶段的宝宝非常容易分心，他的专注时间基本上仍然稍纵即逝，因此，在他身旁放置许多有趣的物品让他去拿或看相当重要。如果他想把某物带进游戏，你也可以递给他。你可以花心思准备一些简单而能发出声响的玩具，这个阶段的宝宝特别喜欢这类玩具。

安排游戏空间时请让宝宝靠近你，你可以抱着他，或坐在地板上，也可以让宝宝坐在你前方的小椅子上，通过这种方式，他可以对声音进行非常细微的认知与区别，请确定所有的玩具都在宝宝容易够着的范围内。

有一个极为重要的原则：如果宝宝已经不愿意，千万不要强迫他把注意力保持在某物或某动作上。没有什么比这样做更不利于宝宝的注意力发展了。（你未来还有合适的时间可以教他把注意力放在某物上，并鼓励他一直注意该物，但不是现在。）

TIPS 绝对不要试图延长宝宝的专注时间。

若宝宝的注意力已自然转移，所有试图让宝宝的注意力集中于某焦点的行为，只会让宝宝的注意力在自身和大人所选的专注焦点间分解，使注意力片段化。如果情况严重，将延缓孩子的发展，孩子和大人会有很大的挫败感。可悲的是，这其实是一个很常见的问题。我跟家长说明这种情况后，孩子会出现显著的变化。

伊姆兰的父母很绝望，他们要伊姆兰做什么，他都不肯。他几乎不怎么玩，在家里横冲直撞，所到之处东西全被砸碎打烂。他的父母加倍努力，企图让他玩他们所选的玩具并听话一点，但他只是越来越抗拒，不仅抗拒他们建议的游戏方式，而且基本上所有的话都不听，包括与饮食、睡眠相关的指示。他的母亲几乎快哭出来了："我当然爱伊姆兰，可是我觉得要喜欢伊姆兰或享受陪伴他的时光是很困难的事。"在两周的日常游戏时间中，我们让伊姆兰清楚地知道，他现在随时可以转移注意焦点，结果他的改变让父母既惊又喜。他不仅能以适当的方式玩，还能长时间专注地玩玩具，顺从度也提高了。他的母亲终于能再次享受陪伴他的时光了。

如何跟宝宝说话

让宝宝有时间"回答"是很重要的，所以不要忍不住在这段特别的游戏时间一直聊自己的事。你应该非常留意你们之间的声音"对话"。你说完话后应该暂停，让他有时间"回答"。你也应该留意他说完"话"后暂停的时候，此时是你说话的时机。与之前相比，你们现在应该比较少抢着说话了。在这段全神贯注与宝宝共处的时间，你对他的沟通与互动的敏感度将逐步增加，他也会帮助你以最恰当和对他最有益的方式来回应他。

注意宝宝说完话停下来的时间。

某项以5月龄宝宝的母亲为对象的研究，观察了宝宝试图邀请妈妈轮流发声时妈妈的回应频率，包括等待宝宝发出“已轮到妈妈说话”的指示，并给宝宝充足的时间来回应自己。结果发现，母亲此时回应宝宝的频率与宝宝13个月时的专注时间长短、象征式游戏及对词语的理解程度成正相关。

重复宝宝所发出的音。

你可以经常重复宝宝所发出的音，可以模仿他一串声音的最后一个音。例如，他说“wu”，你说“wu wu wu”；他说“ei”，你说“ei ei ei ei ei”。（你发出的声音要故意比他长，这样他会觉得很有趣。）这是轮流发言的最早形式，也是开启对话的重要前兆。这是最能让宝宝集中注意力的事，因此对宝宝的注意力发展很有帮助。他特别喜欢你对他发出的声音所表现出的热情，也会因此受到鼓励而发出更多声音。不久之后，他会再次向你发出这些声音，你很快会发现你们正在愉快地“对话”。

重复宝宝所发出的音也能增强他对自己发音的认知，因为这能让他有机会一次只听一两个音，而不是正常口语中一长串快速改变的音，这也能帮助他理解嘴唇与舌头的不同动作所产生的声音效果。此外，这还能带给宝宝一个信息：听声音不仅有趣，而且有意义。

大多数人认为，大人应该跟宝宝说“正常”的语言，其实不然。以儿语潜能开发的方式说话除了有趣，还有许多重要功能。有一点请注意：你模仿宝宝的发音对他说话，是为了回应他，让你们开展对话，千万不要以为这个举动的目的是让宝宝模仿你。

你可以配合他现在感兴趣的事，发出一些玩闹的声音。有很多不同的方式可以发出这些有趣的声音，如球滚动的时候，你可以说“嘟噜噜噜”，或者你把他举起时说：“飞喽，飞喽，你飞起来了。”或者用手指在他的小肚子上挠痒，发出一些无意义但可爱的声音如“噜噜噜，噜噜噜”；或者富有韵律的例行活动语言，如“小宝宝，飞起来了”等。经常重复这类声音能大大增加互动的乐趣。

苏西与夏洛特在很多方面都很相似，她们都是第一胎，备受大家庭的宠爱，并且时时刻刻都能得到全然的关注。她们都超级惹人喜爱，聪明且机灵，只有一个小差别，就是她们的母亲对她们发出的声音反应不同。

夏洛特的母亲对她发出的所有声音都兴高采烈地回应，不但会模仿她的发音，还把这么做视为互动对话的过程。于是夏洛特发出越来越多的声音回应妈妈，很明显她对自己和母亲所发出的声音感到很愉快。

相反，苏西的母亲认为自己的任务是对苏西发出声音，好让她能模仿自己，于是主动发出声音，然后强烈且焦躁地期待苏西重复这些声音。有趣的是，苏西其实懂得很多沟通的事，她对于母亲这种教导的反应是逐渐不再发出声音。苏西忧心如焚的母亲在苏西16个月大时来找我，我们请她用儿语潜能开发这套方法与苏西交流，没过几周，苏西发出的声音已经追上同龄的宝宝，她和妈妈终于能享受更多的乐趣了。

使用简短的句子

用语调分明的简单句子跟宝宝讲话，而且要慢慢讲，词句之间要停顿，这种讲话方式能吸引并维持宝宝的注意力，而且是这个年龄的宝宝所偏好的口语类型，宝宝较容易保持专注。对宝宝来说，“妈妈到了。她来了。妈妈到了！”比“我听到妈妈的车从马路那边开过来了。她马上就会到了！”有趣多了。

TIPS 尽量用简短的句子。

这种简短而语调分明的句子因为带有情感，所以对于建立亲子间的感情非常重要。这个阶段的后期，这种短句还有一个极为重要的功能，就是它对于协助宝宝建立词语与意思的联结有极大作用。研究发现，即使这种短句出现在背景音中，4个月大的宝宝对它们的关注，也胜过对大人之间使用的语言的关注。他们甚至对大人使用这种方式说话的视频也能产生较强的关注。

TIPS 讲话时放慢语速并突显语调。

跟宝宝玩语言游戏

重复的语言游戏，以及轮流发言的游戏，对于建立对话与社交互动的基础很重要，而且乐趣无穷。这些游戏可以协助宝宝开始期待某些事件的发生、习得某种程度的控制力，并能获得轮流发言的经验。在这个阶段早期，你是这种互动游戏唯一的发起人，但宝宝接近6个月的时候，他会变成充分参与的伙伴。

你会发现他在两段发声的中间会停下来，好像正等待你说话。例如，他可能会说“啊、嘀、吧吧”，然后充满期待地看着你，等待你的回应。在这个阶段早期，你可以跟他玩挠痒游戏或动动肢体的游戏。一开始，这些游戏可能只是数数手指和脚趾的简单活动，慢慢就会演变为较复杂的儿歌游戏，如“城门城门鸡蛋糕，三十六把刀”或“一角两角三角形，四角五角六角半”，这些儿歌在这个阶段终于成为主角。

在稍后的阶段，也可在游戏中融入软玩具等其他物品，例如，在泰迪熊脸上玩“眼睛、鼻子、下巴”等游戏。跟宝宝玩游戏时，请务必随时保持生动的面部表情，因为研究发现，宝宝看生动的面部表情时，会发出更多的声音。

此时可以跟宝宝玩那种让他有机会预测你下一个动作的游戏，这是轮流发言最早的形式。例如，在此阶段一开始的时候，你可以缓慢地用脸靠近他，给他一点时间，让他期待你说出接下来的“躲猫——猫”。到6个月时，他会喜欢跟你玩击掌游戏，你先拍自己的手，再与他击掌，如此反复。

TIPS 跟宝宝说话时尽可能不断重复。

在宝宝五六个月的时候，多给他唱有韵律的儿歌，他会非常喜欢。请用强而有力的节奏来唱，并且经常重复一些相同的儿歌，使宝宝对它们越来越熟悉，也形成期待效应。在接近这个阶段尾声的时候，他尤其会喜欢这种伴随着动作的儿歌，如《划啊划，划小船》（Row, Row, Row Your Boat）。在第五个月时，他对音调、韵律与重音将越来越敏感，这在往后将帮助他解读句子的意思。

跟随宝宝的注意焦点

请开始关注宝宝的注意焦点，养成宝宝看什么你就跟着看什么的习惯，与他一起转移注意焦点，并随之改变你们谈话的主题。例如，如果他看着你，你就跟他玩互动游戏；如果他看某物品，你就把东西给他，告诉他该物品的名称，或配合该物品发出合适的拟声词。

TIPS 观察宝宝在看什么，然后跟他聊这件事。

在这个阶段，你仍是多数游戏活动的发起者，但此原则仍然适用：如果宝宝似乎对某活动失去兴趣，你应即刻结束该活动。如果他看向某玩具，你应该立刻把玩具拿过来给他，并把玩具融入游戏。

在稍后的阶段中，这个原则对于协助宝宝建立词语与意思的联结非常关键，也非常有利于宝宝的注意力发展。宝宝此时无法同时看与听，但在以下特定情况下却能同时看与听：

- 没有其他让宝宝分心的事物；
- 注意力焦点是宝宝选择的；
- 宝宝听和看的是同一件事物，如发出声响的玩具，或谈论宝宝正在注意的焦点。

如何问宝宝问题

问宝宝问题的目的，是让宝宝有回应的时间，而不是真的期望得到答案。你可以问："要不要再做一次啊？""谁是聪明的小女生？"这些问题都很好。你也可以问："这是什么？"在这个阶段，这同样也不是一个真正的问题，只是一个提示，是你意识到环境中有其他东西可能会引起宝宝的兴趣。只要不是真的要他回答，只是为了引起他的兴趣的问题，就是好问题。

跟宝宝独处半小时以外的时间，你可以做什么？

当你正在忙，而宝宝在你身边时，请持续跟宝宝描述周围正在发生什么事，或你在想什么。你可能会说："我们现在应该去店里买东西吗？我看还是不要去了，看起来好像要下大雨了。我们明天再去吧。"宝宝当然听不懂你在说什么，但这么做能让他熟悉语言的韵律与音调。

阶段③

6～9个月

你要和宝宝相互对话，而不是你主导宝宝说话

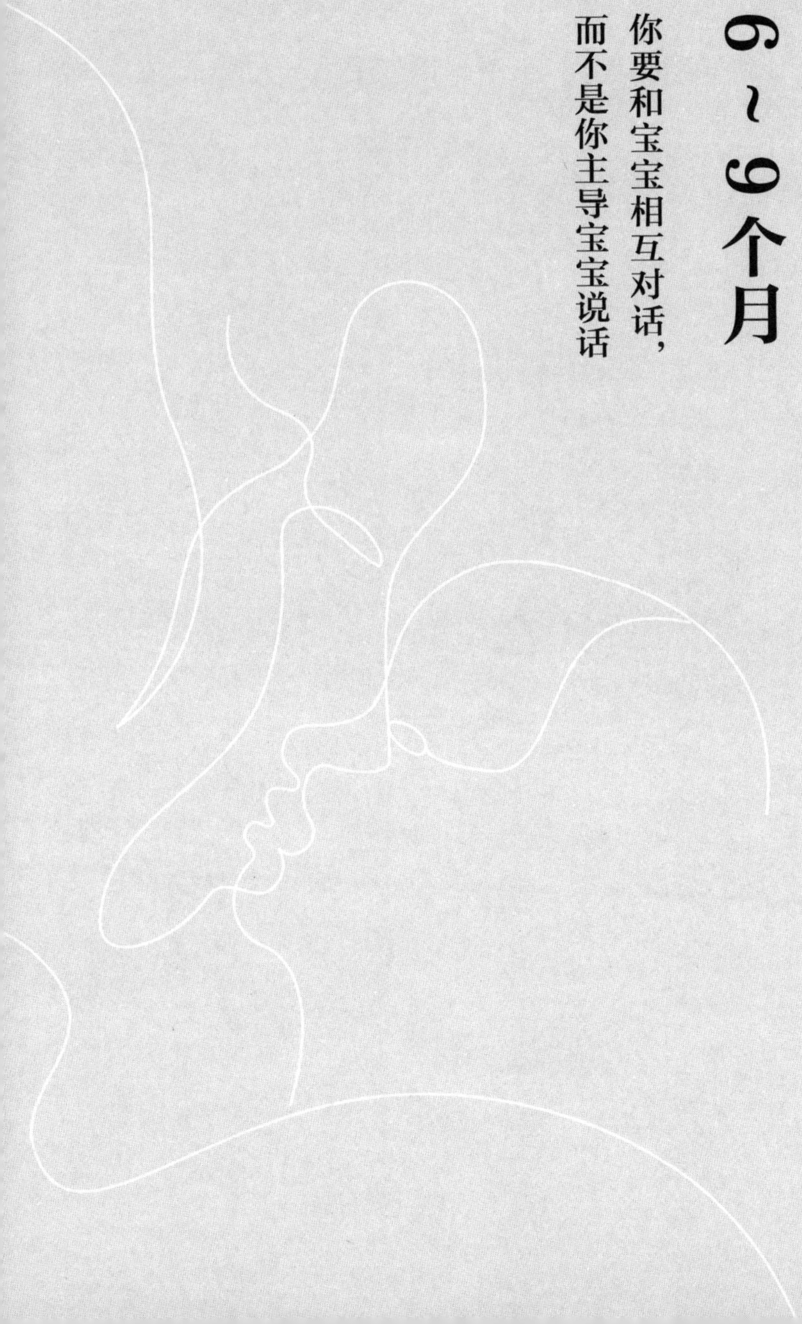

6～9个月的宝宝

此时宝宝的生活有了一定的规律，你和宝宝都有了较舒服且较能预测的生活模式。宝宝会对你露出灿烂的笑容、咯咯地笑、兴奋尖叫、开心地扭动全身，表达他有多么喜欢你的陪伴。他对熟悉与不熟悉的人或情境的反应差异日益明显，使得他因为安全感之故而更加依赖你。

宝宝在这个阶段非常容易自得其乐，他很开心自己有能力伸手去拿东西和抓握物品，也已经很熟悉自己的日常规律，并开始想自己做一些小事，如抓着饼干或用手抓住杯子。现在所有的东西对他来说都非常迷人，即使很简单的东西，如硬纸板卷筒也能让他开心好一阵子。如果你希望他松开某物或改变活动，要引开他的注意力也很容易，他可能会暂时把身体往后表示抗拒，但每件事对他而言都十分有趣，他很快就会再投入新的活动。

此外，宝宝可能在向前或倒退爬行上有些许进展，由于他还爬不远，因此这一阶段大人还可以稍微把目光从他身上移开数秒。

宝宝的第7个月

沟通发展

宝宝在这个时期，大脑的语言中心仍有新的细胞连接发生。环境的影响也是宝宝现阶段发展的关键因素。很多研究显示，在家里养育的孩子比在托儿所被带大的孩子的语言发展能力好得多。

宝宝对语言与生俱来的强烈兴趣，使他现在已能听懂一些熟悉物品与人的名称。当他听到有人提到不在场的家人名字时，甚至会抬头到处找。宝宝会用动作表现出他了解自己常听见的短句是什么意思，例如，听见“再见”时会挥挥手。（这有点儿像你去一个语言不通的国家，待了一阵子之后，突然发现自己听懂了一些字句一样。）

然而，只有当熟悉的情境中出现这些字句时，宝宝才能做到这件事，如爸爸或妈妈例行性地出门工作时。宝宝目前还不能把这种能力运用到其他情境，这可能会让一些父母疑惑：为什么宝宝离开以前未曾拜访的友人家时，就不会挥手表示再见呢？

宝宝对于口语情感及语调的理解，早于对字句的理解，他很清楚妈妈是开心还是不开心。他现在很喜欢听音乐和唱歌，会用全身传达自己的喜悦。他现阶段正发展广泛的沟通行为，包括手势、用力拉扯、推与面部表情，也善于沟通广泛的信息，包括让人注意到自己、其他人或物品。他已是有能力的沟通者，会表达问候、拒绝、要求、评论与确认，而且能以各种方式极为有效地控制环境中的人。

最早从6个月开始，宝宝已经意识到，通过发声可能会让周围的事情发生变化。他发现发出噪声可以把妈妈叫来，因此开始有目的地“呼叫”妈妈。他也会有意地发出声音与同龄的宝宝沟通，他会带着目的性对他们咿呀讲话，而且热切地以声音加入“对话”。到7个月时，他玩游戏时大部分时候会配合发出声音，也开始用喊叫和其他声音来控制环境中的其他人。

宝宝逐渐建立起更多唇舌动作与所发出声音的联系。例如，他理解了紧闭双唇后打开可发出“p”的音。宝宝会发出越来越多母语中的音，或他听到的其他语言中的音，非语言的音则会慢慢减少。同时，宝宝辨别周围非语言语音的能力会大幅降低，但可以非常准确地辨别语言中存在的细微的语音差别。

宝宝似乎对自己发出的声音更具意识，且更频繁地重复发出其中少数音。他喜欢重复某些音，喜欢说出更多且更长的一串声音，如“吗吗吗”或“吧吧吧”。有时也会说出两个音节，而不只是单一音节，而且可能开始重复两个以上不同的音，如“呗嘚呗嘚呗嘚”。他咿呀学语的韵律与音调越来越像语言，且已经出现试图称呼物品的初步尝试，他会以某一固定的音称呼某物。每个宝宝都会发出自己特殊的声音，这种声音可能跟真的词语有部分相关或毫不相干，但这代表宝宝已意识到，特定声音可用来指称特定物品或事件。

这个阶段的宝宝已发展出一些策略，来探索环境并与其中的人事物互动。随着宝宝意识的增长，其社交互动的主题范围变广了许多，这让宝宝与妈妈得以开始发展出对事物的共同看法。他可能有特定玩具的共享游戏经验，也可能将特定游戏与特定的人联系在一起，例如，他可能知道哥哥喜欢玩躲起来探头的游戏。共同关注点的增加，将促进宝宝联系词语与意思的关键能力。

整体发展

现在如果把宝宝直立抱着，他的重心已经可以放在脚部。宝宝坐着时，头已经很稳，背部能保持挺直。他可以从仰躺翻身变成俯卧，可以调整自己的姿势，以清楚看见某特定物品。宝宝抓握与操纵物品的能力正飞速发展，会试图去抓稍微超出伸手可及范围的物品，也可以把物品从一只手换到另一只手。他会果断地以手指围住某物，把手举向某玩具，用手模仿在桌上敲打，或把两个物品碰撞在一起。

宝宝到7个月时，表现出了解物品受阻时的一些属性，例如，他知道软物品会被其他东西压扁，而硬的物品则不会。

艾丽斯是个6个月的宝宝。妈妈非常担心艾丽斯对声音或语言似乎没有任何兴趣，因为她仅会发出几个类似元音的模糊声音。但艾丽斯在许多方面都明显发展得很好，尤其是生理上，她可以坐得很稳，轻松地翻身，也能操纵并研究任何拿得到的物品。她可以快速翻身并娴熟地确认方向。行动力与操控力这两个领域显然已占据她所有的注意力。我们对她进行儿语潜能开发计划后仅三个月，她的沟通技巧已经完全追上其他发展领域，现在各方面都发展超前。

不同领域的发展，在这个时期无可避免会互相影响，因此爬得早的宝宝可能有一阵子对沟通不太感兴趣，因为他被刚发现的行动力深深吸引。同理，刚学会不用他人协助就能站立的宝宝，可能也没兴趣再关注其他事情。了解这件事很重要，如果宝宝在某领域的发展有一阵子似乎慢了下来，你不必太过焦虑。

注意力

宝宝在这个月，会开始萌生并运用超过一种感官的统合能力，但宝宝的注意力在这个时期大致上仍为单一模式。如果你递给宝宝一个有趣的物品，他在完成初步的探索前，无法听你说话或看你。宝宝现在有较长的时间专注于自己所选的物品或活动，但仍非常容易分心。宝宝专注时间的延长，对其短期与长期记忆发展都非常重要。其实，宝宝未来的所有学习，都仰仗维持注意力的能力。

听力

第7个月是宝宝的两大语言必备技能开始发展的关键阶段，此两大技能为：

- 辨别与区分言谈中所有不同的音；
- 理解词语的意义。

研究发现，7个月大的宝宝分辨语音的能力有相当大的差异，听觉环境的不同，很可能是造成这些惊人差异的主要原因。太少或太多声音刺激，都可能影响此过程。因听力问题而导致幼儿生活中很少听见声音的宝宝，未来在分辨声音、理解声音的意义以及在噪声背景下的倾听，也会经常遇到相当大的困难。出生后需较长时间住保温箱的宝宝，因为保温箱的噪声很大，往后也容易出现类似障碍。（但请务必了解，这些问题都可以靠儿语潜能开发来解决。）

宝宝在这个月仍将持续建立声音与其意义的联系。他仍无法直接找出声音来源——也就是立刻转头去看声音来源——他必须四处看，直到找到声音来源为止。不过，他现在能较直接地找到它们，也可以找到来自头部上方的声音。

此时宝宝同时看与听的能力仍相当弱，若要宝宝同时做到看与听，下面几个条件仍是必要的：

- 注意焦点是宝宝自己选择的；
- 宝宝未过度专注于看或听；
- 宝宝看和听的是同一个物品；
- 环境中没有其他干扰。

宝宝的第8个月

沟通发展

从这个月起，宝宝不仅会寻找视线范围外的说话者，还会开始聆听整个对话。他会转头去看一位说话者，然后转头去看另一位，再回头看第一位说话者。这种目光交替的方式，就像在观看网球比赛一样。

当宝宝听到物品名称时，会转头去看该物品。这时，宝宝通常已能辨认所有亲近家人的名字，听到家人的名字时会专注倾听。

到第8个月时，宝宝常以恰当的手势来回应一些熟悉的简单指令，例如，听到“妈妈抱抱”就把双手举起，听见“再见”就挥手。宝宝的理解状态仍需熟悉的情境辅助，宝宝在这个阶段已能极娴熟地借助手势、面部表情与语调模式，来理解说话者的心情状态。

8个月的宝宝发出的声音已越来越符合周围人的语言，然而，宝宝辨别非该语言声音细微差异的能力却在显著下降。宝宝这时期的咿呀学语，听起来有点像外语的短句子，有丰富的韵律、语调和重音模式。研究指出，口语并非直接由宝宝咿呀学语发展而来，但这种学语却表示宝宝的神经系统已做好说口语的准备。这个阶段的宝宝偶尔会随着音乐唱歌，但还没有任何真正的歌词。

宝宝仍非常仰仗非语言的沟通方式，他会打开又合上手表示请求，把大人推开或摇头表示拒绝，并且开始以手势配合声音。例如，看到妈妈出现时会挥动手臂并发出咯咯的笑声。

整体发展

这个月龄的宝宝通常可以保持坐姿数分钟，他们坐着时可转动头部与身体，这让他们更容易看向四周且探索环境。当宝宝被抱着站立时，他们已能跨出步伐，把一只脚放在另一只脚的前面。

宝宝伸手取物的技巧变得更好了，他们会坚持去拿某玩具，不断调整姿势好让自己做到这件事。这是他们第一次可以同时操纵两个物品，如把两块积木放在一起比较。他们也会用绳子把玩具拉向自己、拿开盖住物品的覆盖物，或拉扯布来取得放在布上的玩具。

注意力

宝宝到了8个月的时候，已经可以轻易地追踪大人的视线，但他必须转头，还无法只通过眼动去追踪，这能延长大人与宝宝之间共享注意焦点的时间，并协助宝宝理解自己的环境，这对智力发展至关重要。大人知道此时什么能引起宝宝的兴趣，因此可以给他相关信息，协助宝宝了解他人产生某种感觉状态的原因，增强宝宝跟他人产生关系与互动的能力，最重要的是，能让他联结词语与其意思。

尽管我们之前曾提过，宝宝在极有限的情况下同时看与听的能力已慢慢萌生，但宝宝这一阶段的专注力仍非常短暂且单一，即宝宝一次仅能通过一种感官来注意信息。

听力

如果一切顺利，宝宝到了这个月龄，会出现一些极为重要的听力发展。首先，宝宝首度能直接找到声音来源，这与宝宝能单独坐着的能力发生时间吻合，而且只有当连接耳朵与大脑的神经发展已完整时，这才可能发生。宝宝现在可以直接找到与耳朵同高，且在1米内的声音来源。找到声音来源的能力，仰仗宝宝对声音抵达双耳的时间与音量大小的判断，且需要双耳听力皆正常。

其次，宝宝开始发展扫描听觉环境并专注于所选声音的重要能力。宝宝在这个阶段仅能非常缓慢地扫描环境音，而且很容易分心。这项能力能大大协助宝宝联结声音与声音来源。这种联结不仅对宝宝的语言发展很重要，对于宝宝理解世界也很重要。

宝宝现在能更清楚地听到自己发出的声音，也会比较自己发出的音与周围听到的声音，从而发出与母语完全符合的音。

宝宝现在对声音兴趣浓厚，在玩能发出声音的玩具、听拟声词、儿歌时，都能得到极大的乐趣。

宝宝的第9个月

宝宝的理解力在这个月明显增强。他可能已了解多达20个人与物的名称，也能适当回应更多的小短句，如“我们走”“来爸爸这里”等，当然只有在熟悉的情境中，他才能听懂。宝宝现在已较确切地了解“不行”的意思，听到这句话时，通常会停下手边在做的事，执行跟某例行活动有关的动作，例如，听到《划啊划，划小船》这首歌时身体会前后摇摆，也喜欢音乐与歌唱。

宝宝首度把熟悉物品的图片与物品联结起来。他喜欢大人短暂地拿这些图片给他看，这是宝宝踏出阅读之路的第一步。

宝宝现在的沟通行为范围很广。他会以手指物，会运用一些惯常的手势，例如，摇头代表不要，挥手代表打招呼。他也会以用力扯、推、拉及各种面部表情来沟通。整体来说，宝宝现在是非常能干的沟通者，可以给予信息、打招呼、抗议、认可与吸引别人注意。他现在能熟练地控制环境中的人，并开始理解他的行为与大人反应之间的关联性，也懂得卖弄一些动作。

宝宝牙牙学语所发出的声音范围在持续增加，而且充满节奏与语调，有时候我们很难相信这不是真的语言，因为听起来实在越来越像真的句子。这个阶段的宝宝就以下两方面来说，已非常趋近使用现实的语言。

- 宝宝现在会以自己发明的词语来指代某物，而非上个月的声音模式。看到该物出现时，他会露出高兴的样子。
- 宝宝会结合手势、声音与眼神进行沟通。例如，他会热切地看着一个东西的同时指着这个东西，并发出响亮的“呃呃”声，清楚表达希望有人把这个东西递给他。

有人对宝宝讲话时，他喜欢“回话”。他也开始成为一位模仿家，常会模仿他人发出的声音和语调，也会模仿大人的面部表情。

宝宝先前的游戏活动已可让他对物品功能形成基本的概念，例如，杯子是用来喝东西的。他也开始理解类别，例如，玻璃杯、奶瓶和茶杯都是用来喝东西的。这些类别最初很广泛，之后会形成越来越细的子类别。概念和类别是语言出现前的必要准备，例如，我们在了解猫和狗是两种不同的动物前，是无法谈论它们的。

宝宝9个月大的时候，已经有了一个重大的领悟：声音不仅会让自己想要的事情神奇地发生，而且特定的声音更有效果。事实上，宝宝正开始初步体会语言的惊人力量。虽然他仍无法任意使用任何真正的词语，但他已开始发明自己的一些词语—— 一些意义明确的声音排序。其实每个婴儿发明的词语都不同。例如，我朋友9个月大的宝宝每次想喝东西时，都会坚定而持续地说：“呜夫。”当她看到饮料随后出现时，会露出陶醉的样子。

宝宝在这个阶段快结束时，开始发展另一个重要技能：整合人与物的互动。他现在可以利用某人来取得某物，或以该物做某事。例如，指着玩具汽车同时发出声音，并看向妈妈，妈妈就会把玩具上好发条然后拿给他。他也可以利用物品来博取注意力，例如，将玩具用力在椅子上敲击。

宝宝9个月大时，说的仍是自己的语言——有口语的节奏和语调的一串声音——从远处听起来可能很像真的语言。事实上，虽然宝宝的话里还没有真的词语，但这些话是表达感觉和情绪的绝妙工具。

整体发展

很多宝宝在这个月最显著的特征是发展出翻身以外在房内移动的能力，这种能力可大幅拓宽其视野。

宝宝现在会寻找掉落的玩具，这一点可反映出他逐步增强的环境意识，以及并非看不见某物就忘了它的存在。他也喜欢模仿简单的动作，如摇响铃铛，这表明宝宝会仔细观察并学习他人的动作。

注意力

宝宝这个月借由共享注意力的发展，进入快速联结词语与其意义的阶段。这种共享注意力的建立受到宝宝新萌生的能力——视觉追踪焦点的能力的强化。9个月大时，宝宝可用视觉追踪离他很近或在他正前方的物品，此时他还不能追踪需要转头去看的焦点。

9个月大的宝宝的注意力范围也扩大了，可以持续保持兴趣地观看距离三米左右的人与移动的物品。

虽然宝宝现在正处于联结词语与其意义的阶段，但他的注意力仍是单通道的，因此仍无法建立词语与正在做的事之间的联系。他可以做某事，也可以听，但目前仍无法同时进行。

宝宝容易分心仍是一大问题，且这个问题仍将持续很长一段时间。

宝宝此时的重大发展是，可把注意力放在大人说出名称的图片上，注意力最长可达一分钟，这是大人与孩子共同阅读图书的第一步，但这个阶段的宝宝的注意力通常无法超过一分钟。

听力

在环境条件许可的情况下，宝宝这个月扫描听觉环境、专注于想听的事物，同时屏蔽其他声音的能力逐渐增强。宝宝扫描环境音的时间变短，对所选声音的注意力则变长。宝宝继续系统性地提高对声音的含义的理解，如他会通过比较现在听到的声音与之前听过的声音，从而推断出现在可能又到了吃饭时间。

这样和宝宝玩游戏

随着宝宝对世界的理解的加深，以及认识环境中人与物的兴趣的增强，越来越多不同的物品和情境可成为游戏的一部分。有一点很重要：宝宝可轻易转换于各游戏阶段，例如，疲惫的两岁孩子，可能希望大人用他6个月大时喜欢的方式跟他玩：坐在妈妈腿上听妈妈唱儿歌。

宝宝仍旧喜欢互动游戏和把玩物品。有时候他太专注于后者，似乎不需要其他人。

第7个月的游戏

在这个时期，宝宝最喜欢语言与动作上有高度预测性的互动游戏，这样他就能预测接下来会发生什么事。宝宝明白，游戏中两个人的分工和配合，知道谁该做些什么和何时轮到自己做。他喜欢不断重复唱儿歌与玩游戏。这种重复会让他感觉到世界是安全且可以理解的，宝宝在这个阶段并不喜欢任何变化。

像躲猫猫和拍手这样非常简单的游戏，完美符合宝宝此时的需求。游戏中的声音已完全仪式化，所以宝宝可安心预测游戏的发展。游戏中的伙伴角色简单明了，仅需少量的话语与动作，但可提供让游戏双方都非常享受的社交互动。游戏中的轮流互换，也为宝宝往后的社交技能打下了基础。

配合身体律动的儿歌与有趣的声音，例如，大人一面把宝宝抱在腿上摇动，一面发出滑稽的声音，仍是绝佳的互动游戏。这个月龄的宝宝仍然喜欢游戏中有很多肢体接触，也喜欢以这种方式跟肢体活动联结的声音，这些活动对于宝宝维持与他人的共享注意力有极大的帮助。

宝宝在这个时期很喜欢大人模仿他的动作，觉得这样非常有趣，而且更加意识到自己的动作及其动作对他人的影响，这能帮助他加强联结通过各感官所接收的信息。

宝宝现在喜欢研究各种物品与材质。由于他的注意力时间仍非常短，而且基本上会由某物品快速转移到另一物品，所以大人需要为他准备好各式各样的东西。他对形状、颜色、质地与物品发出的声音，或者能用物品制造的声音，都持续感兴趣。他会开始记得这些声音，也会想再次制造这些声音。

研究证据指出，父母创造玩这些游戏的条件，并陪宝宝一起玩，能使宝宝比那些经常独自玩玩具的宝宝，在游戏中展现更丰富的变化性与多样性。

第8个月的游戏

宝宝这个月仍然喜欢躲猫猫等互动游戏，而且喜欢大量重复并跟大人轮流玩这些游戏。当他非常熟悉这些游戏后，游戏的一些小变化，比如在躲猫猫时延后说出最后一个“猫”字，可让宝宝从期待中得到更大的快乐。他的注意力会牢牢专注于上面，而且能从中得到极大的乐趣。他从这些游戏中接收到一个信息：听声音很有意义也很有趣。他也会自己开始进行一些小游戏，例如，把脸藏在纸后面。这个阶段的宝宝喜欢惊喜，如弹跳出来的玩具所制造的惊喜。

在这个阶段，大人与宝宝互相模仿是游戏的一部分。他们模仿彼此的面部表情与动作，这种模仿随后将导向施与受的合作游戏，如宝宝提供食物给他人。

随着宝宝对物品的兴趣渐浓，物品更频频成为游戏的一部分。当宝宝看着某物时，父母应追随他的视线，然后把东西递给他。接着宝宝会把物品带进游戏，例如，大人把球滚向宝宝，或把小汽车推向他，让他用双腿夹住。宝宝兴致盎然地探索并研究他能取得的物品，如放进嘴里、摇晃、敲击、观看、投掷、触碰、啃咬等。

第9个月的游戏

宝宝通过与人游戏可获得极大的乐趣。简单的互动游戏如躲猫猫等，仍非常受宝宝喜爱。宝宝现在不但会主动开始游戏，还会开始“对话”，他对大人发出声音，然后用面部表情与身体律动清楚表示期待对方的回应。宝宝也开始创造一些新奇的游戏，如拿出玩具然后拿走来逗人，或是夸张地抗议。最大的改变是宝宝希望现在游戏能有所变化，如在亲子间互相滚球的游戏中，大人突然把球滚给泰迪熊。很重要的一点是，宝宝开始联结游戏与游戏中的话语，例如，听到“拍拍手”后知道紧接着是什么游戏。他的记忆开始运作，这会影响游戏方式。他记得游戏的环节，会寻找他见过藏起来的玩具，也会寻找遗失的玩具。他对于视线范围外物品的理解，仍处于非常初期的阶段，而且他仍然认为如果自己闭上眼睛，别人就看不见他了。

模仿逐渐成为游戏的重要部分，宝宝借由复制这些行为，想进一步了解不同表情与动作的意义。宝宝在此时也首度在游戏中能充分兼顾大人与玩具，例如，他可以和大人一起用球、玩具汽车或其他物品玩互动游戏。

宝宝玩具箱

宝宝进行探索游戏时，需要大量不同的物品供他研究，这些物品不一定是玩具。箱子、纸袋及任何可安全啃咬的物品，在这个阶段都是很好的游戏用具。宝宝对不同的形状、轮廓、颜色和质地很感兴趣，所以请安排各式各样的物品让宝宝探索。合适的玩具包括：

- 推行玩具
- 弹跳式玩具
- 滚动摇铃
- 游戏垫
- 旋转玩具
- 宝宝镜子
- 宝宝游戏台
- 积木和箱子
- 塑料球
- 纸：此阶段的宝宝很喜欢玩纸。纸可以弄皱或拿起来挥动，也可以当作躲猫猫游戏的一部分。

让宝宝享受倾听前景音：

- 能发出声响的玩具是不错的选择，如摇铃与简单的乐器，或家庭用品，如锅盖与汤匙等。
- 你可自制效果不错的发声玩具，如在塑料瓶中加入米粒或绿豆等不同的小东西（但一定要妥善密封瓶口，防止宝宝意外打开瓶口吞咽小颗粒而酿成大祸）。

宝宝对于探索物品的热情丝毫未减，动作技能的增强使他可以把探索范围扩展到握住物品、把东西从容器中取出或放入，或自发性地松开物品。这些能力使宝宝可以多次要求大人把物品给他，玩再次丢落物品的有趣游戏。宝宝终于首度把两种物品组合在一起，如把杯子放在碟子上，或把汤匙放进杯中。

他仍然喜欢能发出声响的玩具。如果有足够多的各种物品维持宝宝的兴趣，他这时已能单独玩耍长达20分钟，不过通常会坚持在靠近大人处玩耍。这种独自游戏的时间非常重要：宝宝需要不受干扰、可完全专注于探索的时间。他的注意力仍是单通道的。

宝宝现在开始对年龄相仿的宝宝产生兴趣，他会试图跟他们互动，兴高采烈地向他们挥舞玩具。

宝宝小书架

宝宝的玩具箱现在可加入厚纸板或布书，但这类书必须适合他啃咬与敲击。如果宝宝喜欢，你可以偶尔让他坐在你的腿上一起阅读，这么做并不嫌太早。

电视与影片

现阶段请继续忍住，别让宝宝看电视。宝宝在这个重要阶段仍有许多事物有待学习，电视和影片目前只会阻碍他学习。

宝宝发展正常的指标

宝宝9个月时的正常表现：

- 用大吼大叫来吸引你的注意力；
- 模仿你发出的声音以及你声音中的语调；
- 理解“不可以”和“再见”；
- 吐出一长串重复的音；
- 你说“不可以”的时候，他通常会停下来；
- 理解一些熟悉的物品与人的名字。

妈妈要注意的异常行为

宝宝9个月时，如果有以下情形，请寻求专业帮助：

- 宝宝似乎不记得自己或亲近家人的名字；
- 宝宝很少对人发出声音；
- 宝宝不会发出一串的音，如“吗吗吗”或“吧吧吧”；
- 宝宝不喜欢躲猫猫等互动游戏；
- 宝宝对发出声音的玩具丝毫不感兴趣。

儿语潜能开发这样做

现阶段你和宝宝每天固定花半小时在一起、全然专注于彼此是非常重要的一件事，这样宝宝才能在社交互动发展上跨出小而必要的一步。让宝宝安心知道他将享有你全然的专注，会让宝宝因此而感受到平静、信任与信赖。你们可以一起发展例行仪式与分享对世界的观点，这对宝宝往后理解与运用语言非常重要。

如果你即将结束产假，正打算回到工作岗位上也不必担心。这段一天半小时的时间，仍可确保宝宝继续获得儿语潜能开发的益处，所以请务必继续进行，希望你能好好享受并持续下去。

一对一游戏时间，环境一定要安静

宝宝在这个时期出现了极为重要的听力与注意力发展，他开始建构听觉领域：开始扫描周围的声音，专注于自己想听的声音，然后维持较长的专注时间，通过这种方式建立各种声音与声源之间的联系。不过，宝宝只能在没有背景噪声的环境中做到这点。请记住，相较于大人，宝宝需要差异更大的前景音与背景音，才能听清楚前景音。

TIPS 宝宝需要前景音与背景音差异较大的环境。

在这个时期的某个时间点，请你带宝宝去做听力检测。这个检测很重要，即使是鼻炎引发的轻微听损，也可能影响宝宝的听力发展。人类通过对比两只耳朵听到声音的时间和强度，来判定声源，因此如果两只耳朵的听力不同，明显会影响上述判断。更重要的是，因鼻炎所造成的轻微听损，每天的状况都有变化，就这个阶段的宝宝来说，可能导致宝宝听到的信息混淆与不可靠，后果非常严重。多数受此影响的宝宝，只能改而专注于观看与触摸，这对他们的听力发展有毁灭性的影响。

宝宝同时看与听的能力只能在不受干扰的情况下发展。宝宝舌头与嘴唇动作及所产生的声音，以及他自己的声音与周围所听到话语的联结，都在飞速发展，这对语音系统的建立是非常必要的。我们如果希望这些能力能照常发展，安静的环境是必要条件。

这个阶段的宝宝对于探索许多不同的物品与材料，并把它们融入游戏非常感兴趣。由于宝宝的注意力时间仍然很短暂，需要很多不同的物品，好让他们的注意力可任意地从某个物品转移到另一个物品。正如我们所知，儿语潜能开发的重要原则是，如果宝宝的专注力已不在某事物上，绝不要试图强迫他专注。

你和宝宝之间的距离必须足够近，你们的脸要在同一个高度，确保在触手可及的范围内有很多玩具和有趣的物品。让宝宝自由移动有助于他建立声音与声源的联结，但如果宝宝已可自由移动，请确保他在房内行动的安全。（有些人觉得宝宝应该从一开始就学习什么东西不能触碰，但我觉得宝宝在这个时期还有更多重要的东西需要学习，而且宝宝到了你可以解释原因的年龄时，会很容易理解特定的物品不可以玩。在此阶段，尽量把你不希望宝宝玩的物品拿走，这对你和宝宝来说都会轻松许多。）

TIPS 游戏时间保持房间安静。

如何跟宝宝说话

你和宝宝现在正大量以声音“对话”，你必须把这个游戏视为你们两个在对话，而不是你引导他说话。轮到他说话时请给他充足的时间，他会以眼神或动作清楚地告诉你，什么时候轮到你说话了。

宝宝现在有探索与研究物品的强烈兴趣，当他正投入其中，在你说话前请给他几分钟时间，他同样会抬头看你，让你知道何时该开口，并邀请你说话。他有时候会非常感兴趣地倾听自己的声音，此时保持几分钟的安静很重要。

跟宝宝玩重复性语言游戏或唱儿歌

宝宝仍非常喜欢简单的互动语言游戏，并可从中得到很大的收获。宝宝6个月时，每次用相同的语言和动作，跟他玩拍拍手与躲猫猫，再配上生动的面部表情，都可以从宝宝的面部表情看出他有多么喜欢这类游戏，这些活动也有助于提高宝宝的注意力。

因为宝宝的注意力时间不长，短儿歌最适合这个阶段的宝宝。可以常常对宝宝唱一些重复句多的儿歌，或者自己编也可以。把宝宝放在腿上摇晃，一边发出滑稽的声音，一边让宝宝在你腿上动，或者来回晃动宝宝时发出“呜呜呜”的声音，他会很仔细地听你说话，听到你的声音时也会明显表现出喜悦。

你可模仿宝宝的律动和动作，作为游戏的一部分，如模仿他的笑容和挥手，并给他机会模仿你。你会看到宝宝会认真思考这些动作的意思，并比较他和你的动作。

宝宝进入第7个月时，可为你们之间的互动游戏加入一些小变化，例如，说“躲猫猫”的最后一个“猫”时先暂停一下，或在拍拍手游戏的击掌前暂停，你会从他的身体语言看出，他正预测接下来会发生什么事。弹出式玩具会给宝宝同样美好的期待感。

持续给宝宝唱儿歌，宝宝的注意力时间会逐渐增加，他也可能从中得到更大的乐趣。理解儿歌是宝宝阅读能力的重要指标。请记得每次提到同一个动作都要使用固定的词语，这样宝宝就会在话语和游戏之间建立联系，你说出游戏名称时他会兴奋期待，例如，你说：“我们来玩‘划啊划，划小船’。”才说出第一个“划”字时，他就开始前后摇动。

宝宝进入第9个月时，会主动开始玩这些游戏，你要热情地回应他，并将游戏稍做变化，例如，除了拍你和他的手之外，也可以拍泰迪熊的手，或者躲在一条毯子后面玩躲猫猫。

模仿宝宝的发音给他听

持续模仿宝宝的发音给他听是很重要的事，你会发现他有多热切地看着你，并有多么喜悦。你也会发现他发出同样或其他音来回应你，使你成为这些愉快对话的参与者。这种对话其实与许多大人间的对话规则相符，例如，轮流发言、倾听对方说话、找到说话的时机、享受双方的互动。你越这么做，他发出的音就越多，也越来越乐于回应，如此，他将得到互相倾听是很有趣的这一重要信息。

TIPS 模仿宝宝的发音给他听。

模仿宝宝的发音给他听，也可以让宝宝听到单个的音，而不是一整串包括数百个音的语流，这么做可有效协助宝宝建立起嘴唇、舌头的动作与所发出的音之间的重要联结，以及他发出的音与周围所听到音之间的联结，宝宝会试着发出不同的音，有目的地动自己的嘴唇与舌头，并饶有兴趣地倾听结果。

TIPS 跟宝宝“对话”时，要给他充足的回应时间。

在这个时期之初，当宝宝开始发出一连串重复的音，如“吗吗吗”或“吧吧吧”时，请模仿这些音给他听。等他后来发出混合的音，如“吧嘀咕”时，尽可能模仿得像一些。宝宝会很喜欢你模仿他的尖叫和惊叹声。

帮宝宝说出他的意思

你现在不仅要模仿宝宝的发音给他听，更要教宝宝利用面部表情或肢体语言来表达相关用语。例如，当宝宝哭了，而你不确定原因的时候，你可以说：“噢，亲爱的，你很难过。强尼很难过。”当他有一些手势动作时，你可以回应：“你想要抱抱吗？要抱抱吗？抱起来啰！”当宝宝9个月左右，发现放开物品的新技能并重复这么做时，你可以说：“不见了！”

TIPS 教宝宝与他的动作相呼应的话语。

帮宝宝说出他的意思，这种语言输入有利于宝宝理解语言。

持续对宝宝发出大量配合活动的拟声词

水从水龙头流出的哗哗声或水流走的哗啦声等，带有一个重要信息——听声音很有趣，这些声音可以协助宝宝注意所有不同的语音，因为他可以分别听到这些语音。这些声音也可以协助宝宝联结声音与声源，对于吸引与维持宝宝的注意力很有帮助。有趣的拟声词，包括推行小汽车时发出的嘟嘟声，飞机飞过的轰隆声，以及掉了某物的“喔喔”这类惊叹词等。你甚至会发现宝宝在这个阶段结束之前，已开始模仿你发出的这些声音。

TIPS 不要要求宝宝模仿发音或话语。

无论在什么情况下，都不要以任何方式要求宝宝说出或模仿发音，或者要求他学说话，这么做只会阻碍他的发展。正常的沟通情况下，我们并不会要求对方说出或模仿声音，宝宝也了解这一点。我见过许多父母虽然以最和缓温柔的方式鼓励孩子说话，但却导致孩子闭口不语的情形。

> 哈里是一个讨人喜欢且非常聪明的3岁男孩，他理解语言的能力极佳，且能频繁、有效地以各种语言以外的方式与他人沟通。他用手指物、模仿动作、运用一系列复杂的手势表达，就是不肯开口说话。原来他的祖母在哈里1岁大时搬到家里住，她认为是时候教哈里讲话了，便不断烦扰哈里："说……说……说……"这导致哈里不愿意开口说话。帮孩子卸下这种压力，并使其语言能力迅速发展，一直是我们语言治疗时最有成就感的一部分。

使用简单的短句

在这个阶段一定要使用简单的短句。如果我们对宝宝说："我们要去公园了，所以把靴子和外套穿上。"宝宝怎么会知道这堆词语当中，哪一个指的是我们穿在脚上的东西呢？相反，如果我们说一系列短句："这是你的鞋。强尼的鞋。穿上鞋。穿上鞋了。"宝宝会比较容易理解"鞋"是什么意思。当然，也不要使用单个词语。因为这不是使用语言的正常方式，而且比短句和长句都难理解。

TIPS 保持句子的简短，中间要停顿。

句子的语调需要有高低起伏，而且要缓慢，每一句之间要停顿，这么做可吸引并维持宝宝的注意力，而且给他时间领会每个词语。

除了那段特别的游戏时间外，你可以跟以前一样，以“现场直播”的方式跟宝宝说自己正在做什么事，保持彼此的接触，并让他体验语言的全貌。

大量使用名词

由于宝宝现在正快速联结人、物及其名称，因此大量带入名词对宝宝帮助很大，不要只使用代名词（如“他”“他们”）。例如，请对宝宝说“我们把泰迪熊放在椅子上”，而不是“我们把它放在那里”。宝宝经常听到的人与物是他最早也最容易理解的名词，所以请记得常常对宝宝说家庭成员与他最喜欢的玩具的名称。

TIPS 常对宝宝说家庭成员与他最喜欢的玩具的名称。

追随宝宝的注意焦点

如果宝宝在游戏时间看着某玩具，你可用短句把玩具名称说出来，如“这是球”。如果他对该玩具仍有兴趣，请把球加入游戏。例如，把球轻轻滚向他让他接住。如果他已失去兴趣，转而看向其他物品，请说出该物品的名称给他听，例如，“那是泰迪熊”。跟随宝宝的注意焦点，是协助其注意力发展最强而有力的方法。不管在哪个阶段，试图强迫宝宝更长时间地专注于某物，只会让他的注意力片段化，并阻碍他不同阶段的发展。

TIPS 跟宝宝专注于相同的事物。

如何问宝宝问题

此时你可能会发现自己问问题的方式通常是描述宝宝的活动，如“噢，你把毯子踢掉了吗？”“想要你的奶瓶吗？”“这是什么呀？”（不是真的要宝宝回答）等。问这些问题都是可以的，宝宝也不需要回答。

跟宝宝独处半小时以外的时间，你可以做什么？

继续大量跟宝宝说他感兴趣的事物。越能观察宝宝的注意焦点，并且多与宝宝谈论该焦点越好。外出的时候，如果宝宝看着小狗，你可以说：“那边有只狗狗……狗狗在跑……我听到狗狗在叫……”如果宝宝看着你放在他的盘子里的午餐，你可以说“这是马铃薯，旁边的是胡萝卜”之类的话。

阶段 4

9 ~ 12 个月

调整你与宝宝对话的方式，让宝宝理解更多词语

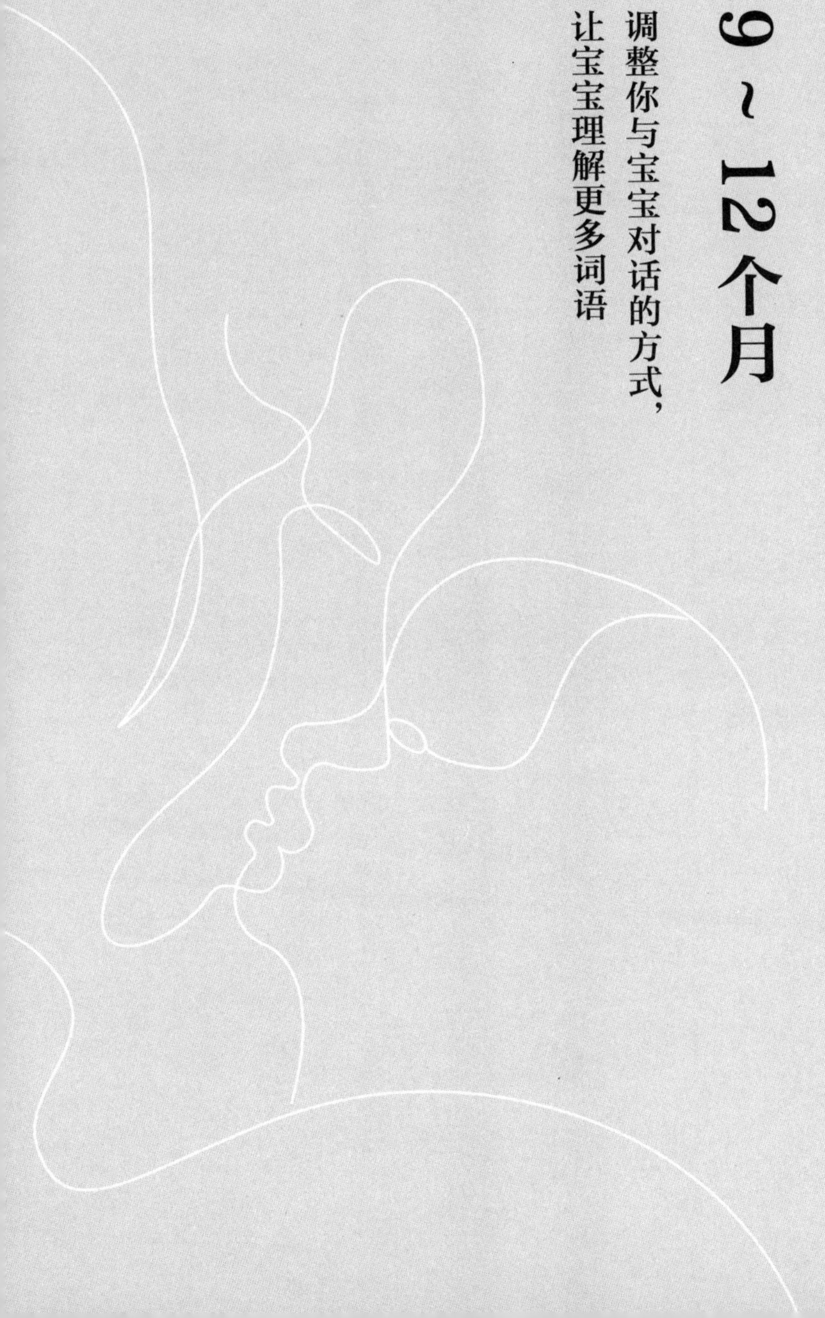

9～12个月的宝宝

在这个阶段，宝宝距离独立又近了一步。他可以用手拿着东西吃，或在你为他穿衣服或洗澡时，把一条手臂或一只脚伸出来。不过有时候他并不会乖乖配合，为他戴帽子时也会全力抗拒，而且要分散他的注意力已经没那么容易了。

宝宝对于每一件事的兴趣都令人欣喜，虽然有时候要欣赏他这种兴趣有点困难，例如，他可能着迷于饮料喷溅出来的景象。他现在是个小开心果，乐于用滑稽的表情或声音逗你发笑。如果你笑了，他会再次表演给你看。

你开始感觉自己的后脑勺似乎也需要长一双眼睛，因为宝宝现在爬行或移动的速度特别快，而且很快就忘了刚才的碰撞与瘀伤，再次做危险的行为。

宝宝的第10个月

沟通及语言发展

这个年龄的宝宝社交性开始变强，也更能意识到他人的存在，并对他人的感觉与心情更为敏感。宝宝会认真地听新词语，在听人说话时已不那么容易分心了。

宝宝此时在智力上的一大进步是，他清楚地意识到，手势和词语都可以指代物品。他的目光开始追随目标，一开始是距离近的物品，接着是较远的物品。这项能力与理解物品名称的能力差不多在同时期发生。宝宝现在知道父母觉得有趣的事物是什么，如某本新书，也知道什么事会惹父母不开心，如毁坏物品。因此，宝宝不仅能更娴熟地与他人建立关系，对他人的各种反应也更加敏感，这种意识对于宝宝往后社交互动的发展有极大的影响。

宝宝现在也开始理解自己的行为与大人反应之间的关联。他开始预测，如果把食物打翻到地上，妈妈应该不会太开心。

宝宝也开始理解说话者声音、语调的意思，并能在特定情境中，辨认非常熟悉的人与物的名称，也能理解环境中常见的物品名称，例如，球、泰迪熊或猫咪。宝宝的社交意识增强，表现在常态性地看向叫唤他名字的人、在别人要求下递物品给对方，根据要求做一些其他动作等，如挥手道别。

宝宝此时已能区别母语的语音之间的不同，事实上，他现在只能辨别声母中的最小音素（如“趴”和“爸”中的“p”和“b”）。有趣的是，宝宝成熟的辨别能力与他说出第一个真正词语的时间点差不多吻合。

还有一个巨大的转变，以前是由大人解读宝宝无意识的沟通，现在则由宝宝掌控对话。宝宝会主动开始许多与大人的互动，并以离开结束。宝宝现在是能力充足的沟通者，基本上能传达所有大人能传达的意思，只不过是以不一样的方式。他现在不仅能让大人注意自己、注意其他人与物，也能要求大人为自己提供物品、动作与信息，还会打招呼、承认与告知，甚至能辨识出别人不懂自己意思的情况，并重复自己说的话来帮助对方充分理解。一般来说，宝宝可让大人清楚地意识到，双方的沟通是不是达到了宝宝想要的结果。

宝宝现在主要以声音搭配手势来沟通（通常是指着某物，然后发出“呃呃”声，代表他想要该物）。他现在会主动参与常玩的语言游戏，如拍拍手，也喜欢模仿大人经常发出的声音，如物品掉落时的“啊”声。

宝宝现在的牙牙学语不但带有语言的节奏、声调模式及高低起伏，听起来也越来越像某种外国语言。

整体发展

宝宝现在可单独坐着好几分钟，拿起物品研究也变得较为容易。他现在可以身体前倾取物，也可以转向侧边伸手取物，操作玩具更为熟练，可以用更多种多样的方式玩这些玩具。松手使物品掉落对他来说已轻而易举。他会学大人把积木从盒内取出或放入，也可以抓握把手摇动铃铛。他会看着球滚动，并预测球移动的方向。他也会扔玩具，打开玩具包装，以及掀开布找到被遮住的玩具。宝宝操纵与探索物品的能力增强，有助于他建立概念，如软硬、轻重，从而为将来把词语和概念相联系做好铺垫。

宝宝的行动力在这个时期大大增强，但其语言与沟通发展则可能暂时减缓。他现在可以翻身、开始爬行或被搀扶着拖动脚往前走，也可以扶着家具用力让自己站起来，并抓着家具站立一阵子，甚至可以牢牢抓握着某物走几步，但无法不借助外力从站姿转换为坐姿。

此外，宝宝现在能积极配合穿衣，会把手和脚放进衣服里，当然，拉掉帽子的动作也很熟练。

注意力

此阶段的宝宝可以短时间专注于某物或自己喜欢的活动，但很容易因为其他声音或动作而分心。宝宝的注意力仍几乎完全是单通道的，他刚刚学会同时看和听某物，但前提是在干扰极少的情况下。宝宝和父母可借助手的指示或通过追随对方的视线，有效建立共同关注的焦点。

听力

这三个月对宝宝的听力发展来说非常关键，如果一切顺利，本阶段结束前，宝宝已具备选择性倾听的能力：扫描环境中的所有声音，选择要听什么并保持注意力，过滤掉不想听的声音。因此，宝宝借由耳朵从这个世界获取的信息对他来说越来越有意义。宝宝到处移动探索的能力，使他能找到声音来源，而不是仅仅四处张望。

现在有越来越多的儿童的听力发育无法顺利达到以上状态，且不幸的是，选择性倾听的能力无法随着宝宝的成熟而自然形成，无论多大，都不能自然形成。许多老师认为，选择性倾听障碍是很多孩子学习障碍的根源，且这个问题在过去15年日益严重。

15年前，我曾针对9个月大的宝宝进行听力研究，发现一个令人担忧的数据：高达20%的研究对象存在严重的听力障碍，这些婴儿所能建立的声音与声源联结非常少，之后就越听越少，因为声音对他们没有意义。许多婴儿对声音的回应少到让人怀疑他们是否失聪了；还有些婴儿对声音的反应不规则且反复无常，他们大量地忽视声音，即使声音非常响亮或不太寻常。这些孩子无法扫描环境中的声音并选择自己想听的，他在看或触摸物品时，完全无法倾听。

宝宝在9 ~ 10个月时，会更经常地扫描环境中的声音，且较能专注于一些特定声音。此时宝宝的扫描能力仍相对较弱，对于某声音的专注时间也相对较短，但这项能力非常有利于宝宝建立声音意义的数据库，以及倾听并比较自己之前已理解的声音，但这项能力显然只能在前景音与背景音差别较大的安静环境中才能发挥。

宝宝的第11个月

沟通及语言发展

在这个阶段，宝宝对于词语的理解能力快速增强，当他听到对话中提到的熟悉的人与物的名称时，就会四处张望寻找，偶尔能表现出遵从简单指示的能力，例如，“看看爸爸在哪儿”“过来妈妈这里”等。宝宝所使用的手势越来越复杂，他会伸长手臂指着某物，也会用手势来表示“在哪里”及用手部动作表示“不见了”。

就发声层面而言，宝宝现在喜欢模仿“啦啦啦”或“吧吧吧”等语音，也喜欢模仿非语音，在少数情况下还会模仿词语。他听到节奏性强的音乐会挥动手臂，或全身晃动兴奋回应。他爱好躲猫猫或拍拍手等语言游戏，也经常主动开始这些游戏。

无论是自己独处，还是与他人相处，宝宝都会经常“讲话”，他会咿咿呀呀地吐出不同的声音，也知道什么是对话、如何参与对话，轮到他发言时会开心地说话，并期待对方发言。

整体发展

宝宝对环境的理解和对身体的控制力都有了长足发展。他现在能旋转身体，也能以坐姿扭动着取得物品，并伸展身体来取够不着的东西。他可以找到自己曾看到藏在箱子里的玩具。他开始控制每一根手指，可以用拇指与其他指头捡拾细小的物品。他能抓着家具站立，有时甚至能短暂地独自站立，并以此方式在家具之间穿梭或快速爬行。

宝宝这个时期会出现重大的智力发展。随着经验增长，宝宝开始了解物体相互间的关系，如把茶杯放在碟子上；也可以联结物品与事件，如用梳子梳头发。这对往后口语概念的联结是非常重要的基础，如“芭比的梳子”或“饮料不见了”。宝宝此时对于看图片开始产生兴趣，并能确定图片与其代表的物品。

他变得较有目的性，开始运用自己的能力四处移动来解决问题，如取得某特定物品，而不只是做无目的的探索。

注意力

这个时期，宝宝在注意力方面的变化不大。他与大人会有更多的共同注意焦点，且对某些焦点的注意力也会稍微延长。

听力

宝宝现在对于声音尤其是言谈更感兴趣了。他现在比较不容易分心，对特定声音的注意力也变长了。他开始克制对其他声音做出反应，对于声音与声源所能产生的联结快速增多。他正在注视或摆弄物品时，倾听声音的能力也有所提高。

宝宝的第12个月

沟通及语言发展

在这个时期，不同宝宝的理解力视环境条件而有所差异，但宝宝开始运用词语的时间多半一致，这一点似乎是生物学上较固定的事实。

多数宝宝在这个阶段对于名称的理解能力逐渐增强，也能了解少数在特定情境中的口语询问，如妈妈问“还要吗”，宝宝会用肢体语言如摇头来表达这种理解，有时候也会试图以口语回复，例如，在他人要求下说“再见”。宝宝现在可以开始整合人与物的互动，利用某人来取得物品，如拉着大人的衣袖然后指向某物；或以物品吸引大人的注意力，如用汤匙使劲儿敲击餐盘。

宝宝现在常有意图地发出声音，如通过叫唤他人吸引其注意力，表达自己想玩儿其他游戏的欲望等。当别人对他说话时，他也经常发出声音回复。此时，宝宝发声的语调成为重点，发声的旋律与节奏也有许多变化，要理解他试图沟通的事变得容易许多。他现在喜欢卖弄滑稽的动作，喜欢在熟悉的游戏中加入逗趣的元素。他会跟着唱歌，也会试着说躲猫猫的“猫”。他整天以相当长的类言谈模式，对着玩具或人唠唠叨叨。他现在的语言已日益达到与周围语言相符的状态，而且几乎只用这些周围语言的语音。宝宝现在能发的音分别出自口腔前部（如“p”和“b”）、口腔中部（如“t”和“d”）与后部（如“k”和“g”）。他开始把这些音当作真的词语使用，如以“嘟嘟”代表汽车。他也会发明一些自己的词语，以个别音节或固定旋律常态性地代表特定事件或物品。这些声音现在仍很怪异，通常只有跟宝宝很熟悉的人才能辨别其含义。宝宝发出的声音很清楚，但意义尚不明确。宝宝也试着模仿词语的发音，通常从熟悉的物品开始。

宝宝吐出第一个真正词语的神奇时刻，通常在这个时期发生。有些宝宝在12个月大时会说多达三个词语（虽然许多宝宝需要更久的时间）。它们多半是熟悉的人或物的名称，而且常包括他在牙牙学语时早就会发出的声音，如“p”“b”“m”，“吗吗”和“吧吧”，这也是许多语言中代表父母的词语发音都很相似的原因。

父母常感到疑惑：为什么这个时期的宝宝能理解的词语，与他实际说出来的词语差别如此之大？宝宝可能理解多达60个词语，但只能用两三个词语。为了便于理解这个问题，我们可以想象自己第一次在媒体上听到某外国政治家复杂的名字，如果我们感兴趣并注意这件事，第二次听到这个名字时就可以认得，但还无法准确记得这个名字里音节的次序；直到我们听了许多次以后，才能说出这个名字。况且我们只需要面对这个偶尔出现的名字，而宝宝却要同时记忆成百上千个词语。宝宝就跟我们一样，通常在第二次听到某词语的时候就可以辨识出该词语，并联结它的意义，但他们需要听过数十次才能记住。

整体发展

宝宝在其他领域的发展也非常快速。他可以捡拾物品，然后递给大人，或以铅笔模仿敲击，握住笔假装在纸上涂写。宝宝可以推行小汽车，模仿以汤匙搅拌等动作，也可以遮住脸玩躲猫猫游戏。他现在能轻松地移动，灵巧地快速爬行，可短暂站立，有些宝宝在这个时期结束前会踏出人生的第一步，宝宝站立的姿势使得他的双手可自由活动。

注意力

宝宝一岁时，同时看与听的能力增强了，也不再那么容易分心。在这个阶段，宝宝有时对自己所选择的感兴趣的事物会显示出高度专注，有时候甚至专心到让大人觉得自己被忽视了。

听力

宝宝现已具备选择性注意的重要能力，这项能力对于未来的学习很有益。声音的世界对他已产生意义，不过这些能力仍完全依赖适当的环境才能展现。

这样和宝宝玩游戏

在这个阶段，宝宝的游戏能力快速提升。由于手眼协调能力与对身体的控制力增强，宝宝能以较细致的方式进行探索。宝宝此时已学到一些更具目的性的游戏技能，例如，把物品从容器中取出或放入，打开容器，打开玩具的包装，堆积物品，推行玩具汽车，滚球，把物品与图片配对，把玩具放在一起玩等。宝宝非常享受这些活动。

宝宝对于书本的终身兴趣可能始于这个时期，这是一大里程碑。

宝宝此时可抓握铅笔并在纸上涂写。这是他开始书写的第一步。

宝宝仍喜欢几个月前的互动游戏，现在更积极开始且维持游戏的进行。

宝宝此时的另一项重要发展是与同龄孩子的互动，他会把玩具拿给另一个宝宝或展示给他看，也会指出自己感兴趣的东西。但他也会从别的宝宝手里拿走东西，就此展开合作与冲突的关系。

第10个月的游戏

宝宝现在可以用食指戳物品，不再仅能用整只手抓握，这让他具备了进一步研究物品的能力，使他能获取更多有关物品材质与形状的知识。宝宝现在仍常把东西放进嘴里，但眼睛和手逐渐取代了嘴巴，成为探索的主要工具。宝宝对细节开始感兴趣，例如，会端详娃娃洋装上的图案。他很喜欢到处移动，探索与摆弄许多不同的物品与材料，并逐渐建立对周围世界的认知。宝宝此时的行动力非常重要，能使他前往探究以找出声音来源，这不仅有利于他累积对世界的理解，也有利于他持续发展选择性注意力。

宝宝现在开始学习大人操作玩具的动作，如学妈妈让泰迪熊上下跳动。

上述探索游戏对于宝宝形成认知概念（如厚薄之分）与类别概念（如哪些东西可滚动或可丢掷）皆极为重要。没有这种认知，就无法形成有意义的语言。

宝宝在此阶段对待不同物品的方式大致相似。他对因果观念的理解仍很肤浅且十分有限，如仅限于知道以积木敲击桌子会发出声响之类的因果关系。他很喜欢发出声响的玩具。

在这三个月，儿歌扮演着非常重要的角色。伟大的语言学家平克曾说：“人类耳朵受到儿歌吸引的程度和眼睛受条纹吸引的程度一样。”宝宝喜欢坐在大人的腿上欣赏儿歌，他喜欢那些旋律简单、与他所知的世界和熟悉的人和事相关的儿歌，例如，与睡觉有关的催眠曲，与跌落、穿衣等动作或与身体部位有关的儿歌。

宝宝现在会更积极地参与游戏，他跟大人能旗鼓相当地展开游戏。他仍非常喜爱不断重复熟悉的游戏，并以手势与声音清楚表达自己可以预测游戏的语言和活动，以及他知道接下来会发生什么事的愉快情绪。当这些游戏一再重复时，将发展出它们独有的节奏、音调与声调模式。

在宝宝准备成为口语对话者之际，互动游戏在这个阶段最受他的喜爱。他喜欢跟大人玩互动的游戏，如把球滚向对方或把小汽车推给对方。他也喜欢玩捉迷藏等跟大人轮流扮演不同角色的游戏。

第11个月的游戏

宝宝现在会以与之前不同的方式对待物品。他喜欢把物品放入容器或从容器中取出，例如，把积木从盒中取出或放入，或者打开容器等。他现在可毫无阻碍地滚动球与推行玩具汽车，并伴随着发出与词语作用差不多的声音，如以“嘟嘟”代表汽车。他很喜欢模仿大人发起这些活动，也开始理解物品之间的关系，如杯与碟是一起的。

宝宝现在具备了把图片与其代表的实物联系起来的能力，因此又向终身享受阅读的乐趣迈出了一步。宝宝喜欢熟悉物品的明亮图片，也开始真的看这些图片，而不只是啃咬或把玩书本，他现在甚至会翻书了。

第12个月的游戏

宝宝现在很喜欢玩软玩具，也开始开发简单的假想游戏：他可能会搂抱泰迪熊或推行婴儿车里的娃娃。他喜欢代表真实事物的玩具，如动物玩偶；也喜欢玩真实的物品，如杯子或梳子。他看过父母使用这些物品，现在想要亲自了解如何使用这些东西，以及它们在生活中的功用。

宝宝玩这些物品的方式透露出他知道它们的功能：他会推行玩具汽车，或让泰迪熊走路，却不会把两者反过来。他在游戏中展现出自己理解大人所用物品的用处，如电话机是用来对着讲话的。

宝宝的手眼协调能力与手部控制技巧的增强，让他可以把钉子放入简易的玩具小钉板中，或玩堆叠玩具如叠叠杯。他也非常喜欢玩纸盒与厚纸箱，还喜欢可以爬进去的大箱子。

宝宝现在很喜欢大人在固定的游戏中加入一些变化，他觉得这样很好玩。大人可以在宝宝期待下一个动作发生前暂停一下，让宝宝有预测下一个动作的时间。此外，宝宝也喜欢规律游戏外的一些变化，例如，宝宝正期待球要滚向自己，大人突然改变手势，示意要把球滚向泰迪熊。

宝宝玩具箱

假想型游戏用具：

以下这些玩具可帮助宝宝理解物品的功能，并了解怎么使用它们。

- 动物玩偶
- 简单的木制交通工具
- 布娃娃的婴儿车
- 布娃娃的刷子和梳子
- 茶具

研究型与操作型游戏用具：

- 布积木
- 纸与笔
- 套圈圈
- 不同尺寸的纸箱，包括大到可让宝宝爬进去的纸箱
- 大型软球

供探索的真实物品：

- 塑料杯

• 软型发梳
• 勺子

发声玩具：

这些玩具可协助宝宝制造并倾听有趣的声音。

• 铃铛
• 装有不同东西，如米粒、豆子、扁豆等（千万要做好密封，以防发生意外）的容器
• 鼓
• 木琴
• 沙铃
• 锅盖与勺子
• 响板
• 弄皱的纸

宝宝小书架

宝宝现在已具备把图片与其代表的实物联系起来的能力。他会开始看书，甚至试着翻页，不再只是啃咬或把玩它们。宝宝喜欢颜色明亮、色彩丰富的纸板或布书，且上面有他熟悉的真实物品的图片，如杯子或玩具鸭。

跟宝宝一起看书可以成为游戏时间中最令人享受的部分。目前最重要的，就是把这段时间变成一段愉快的互动体验，这样可以让宝宝从一开始就觉得书本会给人带来快乐。

让宝宝坐在你的腿上，一起看图片时给他充足的拥抱，并让他看你如何翻书。与宝宝靠近一点，共享相同的视角。有时候给宝宝看跟图片相关的实际物品也会很有趣，可以搭配图片发出声音，例如，看到鸭子的图片时发出嘎嘎声。给宝宝充分的时间探索手上的书和图片。

游戏道具

宝宝现阶段正逐渐对不同种类的游戏发生兴趣，因此提供合适的玩具很重要。许多玩具对宝宝接下来几个月都很有益处。因为宝宝的注意力仍非常短，所以需要大量的玩具，好让他能随意由某玩具转移到另一个玩具。

宝宝在玩玩具时会希望你在附近，你可以向他展示怎么玩这些玩具。当宝宝发觉自己有扔玩具的新能力时，你可不断地把玩具递给他，如此可增强他的游戏能力。研究发现，当宝宝身边有支持他的大人时，他能以更创新的方式游戏。不过你不要有加以干涉的冲动。你可以示范玩玩具的新方式，然后不再插手。宝宝需要时间探索并想办法理出头绪。

电视与影片

关于电视与影片，我们还是跟之前一样反对使用。宝宝必须经由与人互动来学习语言，而非电视或影片。

宝宝发展正常的指标

宝宝12个月时的正常表现：

- 跟着音乐唱歌；
- 能听懂自己的名字；
- 在惯常情境下能听懂一些人与物的名称；
- 用摇头代表不要；
- 能运用1～3个词语。

妈妈要注意的异常行为

宝宝满12个月时，如果有以下情形，请寻求专业帮助：

- 听到你谈到某些物品时，从不张望寻找这些熟悉的物品，如自己的帽子；
- 有人叫他的名字时不会回头去看说话者；
- 发不出许多音调起伏的咿呀声；
- 从未试图主动开始玩一些小游戏；

• 不会追踪某焦点，或看向你所指的方向。

儿语潜能开发这样做

宝宝此时喜欢与你独处胜过一切。宝宝一天当中的多数时间无可避免地为大人所主导，因此他可以主导的这段游戏时间对他而言会有很棒的体验，也将使他在其他时间更为顺从。这段时间对宝宝的情绪与行为发展极为有利。不管你每天腾出半小时有多难，请务必为宝宝保留这段游戏时间。

我记得第一次见到这对讨喜的双胞胎——凯文与尼莉是在他们10个月大的时候。他们非常活泼，不停地往不同方向爬来爬去，并研究眼睛能看到的东西。不过凯文与尼莉的语言发展程度只有6个月宝宝的水平，只听得懂“不行”与自己的名字，发出的声音也很少。他们的母亲急切地想帮助他们，于是请邻居每天帮她照顾其中一个小孩半小时，等到他们的父亲回来时，自己再跟另一个孩子独处。一开始，最大的问题是双胞胎很不愿意分开。不过他们很快就发现了大人全心关注自己，以及自己主导游戏的乐趣。他们的母亲也觉得一次陪伴一个宝贝很愉快。后来两人进步都很快，他们7岁时的阅读与运算能力与10岁的孩子无异。

如果你的孩子是双胞胎，请想尽办法腾出时间，每天分别与他们独处半小时，这绝对值得。双胞胎在口语与语言发展上常落后于其他孩子，虽然许多双胞胎到了学龄阶段会赶上进度，但也有部分孩子赶不上。促进孩子语言发展最有益及最重要的方式是谈论他当下的注意焦点。如果大人一次面对一个以上的孩子，要做到这一点并不容易。这也是家中的老二及更晚出生的孩子在语言发展上通常较老大缓慢的原因。

TIPS 请保持你与宝宝一对一的游戏时间。

一对一的游戏时间，环境一定要安静

游戏必须在非常安静的环境中进行，这是绝对必要的条件，也是选择性倾听发展的关键。就口语而言，宝宝现阶段必须留意什么词语里有什么语音，因此让他听清楚非常重要。基于相同的原因，游戏时间里大人最好离宝宝近一点。相关研究显示，这个阶段宝宝听到的语言量与他未来的语言发展高度相关，所以请持续并大量地跟宝宝说话。

宝宝在这个阶段也开始联结词语与其意思，如果条件有利，他将以惊人的速度发展，不要小看你在这个时期所能给宝宝的帮助。想想我们平常用的句子，例如："噢，看啊，天气转晴了。我们拿外套和鞋子，到外面散步吧！"我们到底是怎么从这一串词语中，弄清楚哪一个词代表的是穿在脚上的鞋子呢？宝宝显然在这件事上需要很多帮助，儿语潜能开发在此阶段的重点就是给宝宝提供这个帮助。

持续玩互动游戏

在游戏时带入语言与动作，对宝宝仍然很有帮助，接下来的三个月也请持续这么做。你和宝宝现在已发展出对世界的共同理解，他因此能理解重要物品与事件的意义，也做好了理解跟这些事物相关词语的准备。在这个阶段，宝宝会把短句中的词语如"妈妈抱抱"与被抱起的动作直接关联在一起。

这些互动游戏是建立共同注意焦点的绝妙方式。宝宝在这个时期正逐步成为与你地位更平等的伙伴，从原本由你安排活动，到宝宝逐渐以对等伙伴的角色参与其中。你会发现宝宝在发出声音之间会停顿，仿佛在给你发言的机会；而他在你讲话时通常会停止发出声音，并在你停下时再度发声，这表示你已帮助他学会对话的基本规则。

你与宝宝玩游戏时应保留大量与之前阶段相同的部分，同时开始带入我们在游戏那部分所讨论的变化。例如，你可以假装事情搞错了或改变规则，或在预测事件前停顿较长时间，这将大大鼓励宝宝以伙伴身份参与游戏，也会帮助他学习某活动涉及的所有步骤或程序。

TIPS 游戏有助于宝宝将词语与其意思联系起来。

持续模仿宝宝的发音给他听

在这个阶段，模仿宝宝的发音给他听非常重要，因为这是宝宝的语音系统终于符合其周围语言的时期。这时，他的重大任务是注意并记住听到的数千个词语的发音。模仿他的发音给他听，有助于强化他以嘴唇与舌头做出动作及发出声音，也有助于他比较自己的发音与周围人的发音。

TIPS 继续用声音与宝宝对话。

持续发出有趣的声音

这些有趣的声音，例如，推行小汽车时发出的“嘟嘟”声，或扫地时发出的“唰唰”声，在这个阶段不仅好玩儿，而且跟之前一样，对宝宝有极大的帮助。

尚恩8个月时被带来看诊，因为他几乎发不出任何声音。他似乎是一个超级平和与知足的宝宝，对自己的母亲与环境的要求很少。他很少主动与人用声音互动，对沟通也未展现什么兴趣。他发音的水平约为5个月的宝宝所达到的程度，仅有声母与少数可辨认的音节。我们请尚恩参加儿语潜能开发计划，建议他的母亲对他多说话，并回应他发出的声音。两个月后，他各方面的发展都达到同龄宝宝的正常水平。

这些声音能向宝宝传达一条重要信息——“听声音很有趣”，因此能鼓励他多听。这些声音不仅有助于宝宝区别该语言的语音，也可以让宝宝听到并专注于一两个语音，而非一长串快速变化的语音。

你可以逐步增加创意。例如，表示玩具落地时的拟声词很多，你可以多使用一些。你也可以一如既往地向宝宝说一些滑稽好玩的短句。

追随宝宝的注意焦点

许多研究证据显示，大人与宝宝注意焦点越相符、共同关注的时间越长，孩子未来对词汇及语法结构的理解越深刻。

你可以准备大量有趣的物品，并把它们放在宝宝身边，然后靠近宝宝，与他面对面，观察他在看什么或抓了什么，然后把物品名称告诉他，如“那是泰迪熊”。如果宝宝的兴趣焦点是刚发生的事情，描述该动作给他听，如“放开，掉下来”。你离宝宝越近——不仅是为了靠近你们共同关注的物品，还是为了更好地了解宝宝真正想的事——就越能帮助他理解事物。对于书来说，宝宝的兴趣可能是啃它，你可以说“你在啃书”；也可能是翻书，你可以说“翻到下一页，翻过去”；还可能是书上的图片，你可以适时说“这是汽车”。总之，你应根据宝宝的兴趣点进行恰当的解说。

同样，如果宝宝看着你，似乎在等待你做某事，你可指向某物并说出其名称；或拿起一个玩具玩，并说出你正在做的事，要把意思说得非常清楚。宝宝注意焦点一转移，你也要随之转移，千万不要试图违反他的心意，强迫他把注意力集中在某件事物上。

TIPS 观察宝宝感兴趣的事。

协助宝宝享受倾听

这是培养宝宝“专注于想听的事物，且过滤掉不想听的事物”这一能力的关键期。在这三个月结束前，宝宝应该可以做到这一点。相反，如果培养未达预期，宝宝可能在听力上遇到了严重的问题。曾有许多学龄前儿童来我这里就诊，他们被怀疑患有重度听障，但检查后发现其听力完全正常。他们的问题出在未能建立声音与声源的重要联结，于是整个声音的世界便没了意义，他们干脆选择不听。这些孩子如果未能接受帮助，未来将出现非常严重的问题。

哈里约1岁时被带来看诊。他随便张望了一下，然后无视跟他讲话的任何人，即使是他的母亲。他不受能发声的玩具吸引，对于高分贝的玩具也无动于衷，隔壁房间突然有一个孩子大声尖叫，哈里也没有反应。我原本以为他真的患上了重度听障，这也是他父母担心的。我问哈里的母亲他最喜欢的点心是什么，她说是薯片，我又问她给哈里带来的玩具有没有哪一样是他特别喜欢的，她说是泰迪熊。

我们派人买来一袋薯片，然后我坐在哈里面前，一次给他一片，并且在给他的时候把袋子弄皱。接着我开始跟他的泰迪熊玩，慢慢靠近他同时说："来了，来了，来了……当当……"哈里非常喜欢这些活动。接着我请人在前面干扰他，然后我在后面揉搓薯片袋，并在他的后方两侧非常低声地随机说话，他每次都能准确地找出声音，不管我发出的声音有多轻。

在接受儿语潜能开发4周之后，哈里已能正常地回应各种声音。

在游戏时间，你应向宝宝传达一条信息——倾听是一件轻松有趣的事。你可以在没有其他背景噪声干扰的情况下，向宝宝提供容易倾听的有趣的前景音。你可以准备许多会发出声响的玩具，偶尔给他看怎么使这些玩具发出声音，并给他时间听这些声音，同时不要说话。然后向他展示你如何以不同方式使这些玩具发出不同声响，如大声或小声，长声或短声。

有一点要特别注意：有些玩具公司生产的声音玩具，常会发出极刺耳的声音，这可能会对宝宝的听力造成伤害。

有时候帮助宝宝建立声音与声源的联结也很有帮助，如当你启动吸尘器或按下电铃后，会出现某种特定的声音。

如何跟宝宝说话

过去你的一些说话方式可以帮助宝宝培养注意力、警醒度，这有助于你与他进行情感交流。现在你跟宝宝说话的方式，则对宝宝理解词语非常重要，这是语言发展的关键阶段。

坚持使用短而简单的句子

这个阶段跟宝宝讲话仍要保持句子简单明了。

第一，短句中的词语的意思比较容易理解。例如，“那边有只狗狗”的意思很清楚，而“我看见有一只狗和一只猫刚刚过了马路”的意思就没那么明显了。

第二，宝宝现在的主要任务是注意一些词语的发音，记住它们并说出来。记住短语或短句中语音的次序，显然比记住长句中语音的次序要容易得多。

TIPS 使用简单的句子，而非单词。

大人的语言输入必须符合宝宝的理解程度。在这个阶段，宝宝的理解程度约为单词，因此合适的语言输入是只有一个重要单词的短句，例如，“有一只猫”或“这是一个球”。不要单纯使用单个词语说话，这不是正常的沟通方式。

宝宝现阶段的注意力时间仍很短暂，因此短句较适合他们。跟宝宝说话时请坚持使用简单的短句，结构、语法一定要正确，例如，你可以对宝宝说“桌子上有只狗狗”，但不能说“桌子狗狗”。研究显示，在这个阶段，母亲用的语言越简单，孩子说长句的速度越快。

句子间需要停顿

每个小短句之间最好有停顿，让宝宝有时间理解句子的含义。在改变谈话主题时最好停顿稍久一些。研究显示，这个年龄的宝宝喜欢听有停顿的言谈，他们似乎知道对自己最有益处的言谈形式为何。

缓慢、响亮、语调有起伏地与宝宝对话

请继续以缓慢、响亮、语调有起伏的方式跟宝宝说话。这个年

龄的宝宝仍较能专注于这类语言，这种丰富的语调与声调模式有助于他们理解句子的语法，辨认句子中新的词语，并把词语与其所指物品联结起来。（不要扭曲说话的方式，跟宝宝说话永远都要保持自然。）另外，记得说话时要加入大量的名称，例如，“我们把杯子放在桌上”，不能说“把那个放在那里”。这是吸引并保持宝宝注意力以及维持其警醒度最有效的对话形式。

重复说一件事也非常重要。我们需要在不同情境中多次听到某词语，才能充分了解其意义，并记住这个词语。正如你在学外语或试图记住新闻中刚出现的某个外国政治家的名字时，在你想说出这个名字前，必然要多次听过这个名字，这种识别与记忆之间的巨大差异，对宝宝来说也是一样的。

TIPS 宝宝需要多次听到相同的语句。

重复的游戏与儿歌对宝宝的语言发展很有帮助。你可以把名称带入跟相同物品或事件相关的一连串短句中，如“有一只狗狗，可爱的狗狗，这里有狗狗，狗狗来了”。帮宝宝洗澡、穿衣服与喂食的时间都很适合这么做，这对宝宝来说很有趣，这个年龄的宝宝都喜欢听到他们已经知道的词语。

大量使用手势

我们在前面曾提过，如果大人提供适当的帮助，宝宝联结词语与其所指事物的能力将快得惊人。

> 莫莉是一个有着一头鬈发的3岁小女孩，她经常把汽车说成门，把衬衫说成鞋子。她是家里排行第十的孩子，从没有大人跟随她的注意焦点，因此当她看着某物又听到另一个名称时，不免做了很多错误的联结。我们请莫莉跟一位姑姑建立起一天半小时的独处时间，然后在这些游戏时间中，请姑姑观察莫莉的注意焦点在哪里，并及时说出该物的名称，也请莫莉的家人和老师尽可能这样做。针对莫莉说错名称的物品，尽量以自然对话的形式，正确地说出其名称。之后，莫莉能越来越正确地联结物品与其意义，说错名称的情形越来越少了。

无论是大人指出所说的物品，还是大人说出宝宝指出的物品，手势都是非常重要的工具。宝宝9个月大时，视觉可追踪前方的一点，但无法超越他的视线范围。用手指物可确认你们共同注意的焦点，这能帮助宝宝在单词与其所指事物之间做出正确联结。你也可以利用手势让宝宝知道你说的是什么意思，例如，说“倒牛奶”时做出相关动作。有时模仿宝宝的手势很有意思，而且会让他发笑，这能鼓励他进行更多沟通。

如何问宝宝问题

在此阶段，你仍可以以提问作为引起宝宝注意力的方式，所谓的问题其实就是你的评论，这样做并无不妥，不过请注意绝不要以问问题的方式试图逼迫宝宝说话。

TIPS 不要以问问题的方式逼迫宝宝说话。

跟宝宝独处半小时以外的时间，你可以做什么？

继续跟宝宝大量说他感兴趣的事物，例如，他在享受洗澡的乐趣时，你可以说："啪啦！你把水溅在鸭宝宝身上啦！鸭宝宝沉到水下了。噢，鸭宝宝在这里！"宝宝在玩堆叠玩具时，你可以说："叠上去……再来一个。"

阶段 5

12 ~ 16个月

跟随宝宝的注意焦点，关注宝宝感兴趣的东西

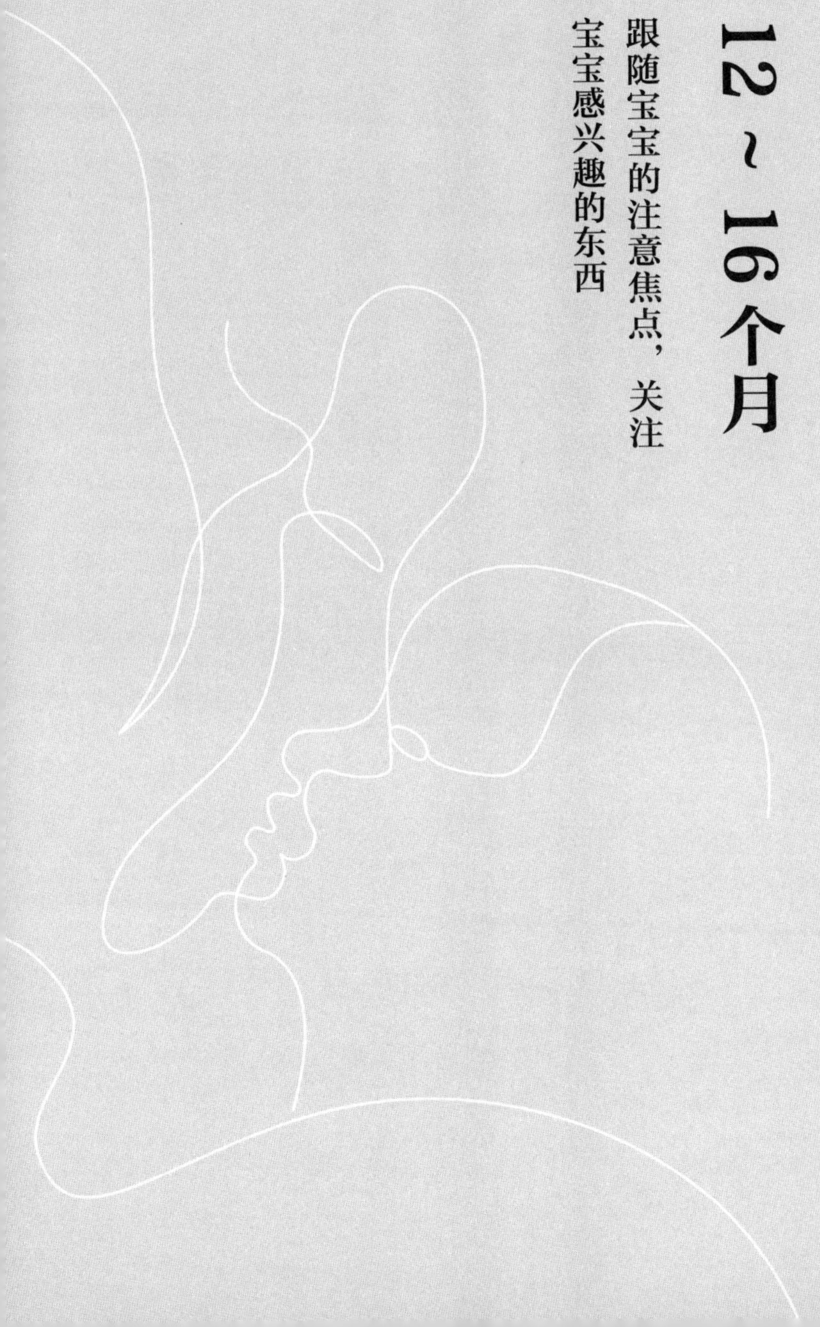

12～16个月的宝宝

宝宝在这个阶段的特点是口语发展非常迅速。你家的宝宝现在介于婴儿和幼儿之间。出门的时候他会急切地想自己走，但才走一小段路就想要人抱。他会想自己用勺子吃东西，即使会洒得到处都是。如果他很累或不舒服，会希望你像从前那样抱着喂他。但宝宝很快就会脱离婴儿阶段，你要好好把握这段时间。

宝宝现在很容易陷入危险的情境，你的视线一秒钟也不能离开他。当你们准备出门时，宝宝会显得非常兴奋，他对外出时所看到的所有动物、人和景物都很着迷。在这个阶段偶尔放慢脚步，享受宝宝对这个世界的强烈兴趣是一件很愉快的事。

宝宝现在仍非常希望你能陪伴他，也很需要你的帮助、抚慰与保护。宝宝的性格在这个阶段开始显现，你可能会发现他和其他家族成员有趣地相像，例如，都是急性子或都很固执。

宝宝大脑的另一次重大发展也是出现在这个时期，他会对许多事物产生大量联结。研究显示，在这个阶段所受到的刺激对宝宝的发展有重大影响。此时的宝宝，如果没有人跟他说话，没有人和他玩游戏，未来他便难以充分发挥潜力。

宝宝的第12～14个月

语言发展

从理解语言的角度而言，在这个时期刚开始时，宝宝刚学会破解语言的密码。以下两点非常有趣。第一，每个宝宝的理解力在这个阶段有极大的差异，这取决于宝宝此前积累的经验。第二，宝宝快速增长的理解力，相较于口语词汇的缓慢增长，两者之间有明显的差异。这再次反映出，人不需要多次听到某个词语即可辨别它（宝宝和大人一样，只要听过一次，第二次即可辨别出该词语），但要准确说出该词语则需要听过很多次。有时候宝宝会以某词语广泛代表有相似特征的物品，例如，以“猫”表示所有长着四只脚的动物，但他们通常可正确指出猫、马与羊的图片。

如果一切如期发展，一岁的宝宝已可理解不少词语，而且会说两三个词语。从宝宝到处张望寻找大人刚提到的人或物，可以发现宝宝每周又多懂了一些新词语。除了说话者所说的内容外，宝宝现在更能辨别他们的情绪，例如，知道爸爸、妈妈对他做的事感到愉快或生气。

宝宝现在喜欢看熟悉物品的图片，喜欢有人为他说出这些物品的名称。大人说出后他很快就会理解这些词语。这是阅读的重要前兆。

宝宝现在已听得懂一些短的祈使句，尤其是游戏中的短句，如

“把这个给妈妈”“全推倒吧”。

这个时期开始时，宝宝在社会交往能力方面有许多重大进步。例如，他认识到自己是与其他人有区别的个体，他在互动过程中已成为大人平等的伙伴，常会主动发出声音开启“对话”或拍拍手等游戏。他现在比较了解自己用不同的沟通方式所产生的效果，例如，搞怪时会期待听到别人的笑声，或指着某物看大人，期待别人递该物给他。

宝宝14个月大时，口语发展已达到可经常使用四五个词语的程度，其中一个通常是他非常频繁使用也最喜欢的词语。（我的孩子最喜欢说“抱抱”，不仅表示他想要人抱起来，也表示希望别人注意他。）有趣的是，即使成长环境有极大差异，宝宝使用词语的年龄差别也很小，这意味着宝宝在这方面的发展，在这个阶段主要是受生理因素影响。

宝宝最初所说的几个词语通常是他所熟悉物品的名称，如食物、衣物、身体部位或玩具，后面会接着出现代表动作的词语，如“抱抱”。在这个阶段，宝宝只会在听过这些名称的情境中说这些词语。例如，他可能只在自己家中的用餐时间才会说勺子。

宝宝使用词语的方式跟大人不太一样。他将这些词语不仅用来指代物品，还用作句子，如表示提问、请求、问候、提供信息、抗议或命令等。例如，他说“杯子”时可以代表“我想喝东西”“那是我的杯子”“我的杯子在哪里”。宝宝清楚表达意思的技巧越来越娴熟，还会以手势配合声调模式来表达不同的意思。在只能说一个词的阶段，宝宝谈论的通常是环境中对他提供信息与沟通最有用的事物，多半是自己的玩具，还有对他来说最重要的人。

当宝宝不知道某词语时，他会以指称相似物的名称来代替。例如，他可能知道住在自己家的那只毛茸茸的可爱动物叫作猫，因此把这个名称用来称呼所有以四条腿行走的毛茸茸的动物。

宝宝可能有一段时间会偶发性地使用最初学会的词汇，可能说了数日或数周后，又有一阵子不说了。因为这个缘故，父母可能觉得难以回答“宝宝会说几个词语了”这种问题。不过不必担心，当宝宝最初学会的这些词语消失一段时间之后，一定会再次回到他的嘴边。

纵使如此，宝宝多半仍以手指物，伴随着发出“呃呃”声来表达自己的需求。他所用的语言是一长串音调起伏的咿呀声，现在还能加入真正的词语。他变成了一个小模仿家，不但会模仿自己听见的大人所说的词语，还会学动物与交通工具发出的声音，甚至是其他宝宝发出的声音。他对其他孩子发出的声音反应很快，常主动跟他们玩语言游戏。

整体发展

宝宝其他领域的发展与沟通能力的发展一样快速。这个时期一开始时，宝宝以爬行或拖着脚的方式忙着四处探索，现在则能在不需协助的情况下，从地上站起来，也能爬上较低的台阶，并且可能跨出最初的几步。

宝宝对于自身与环境的认知正在增加，这表现在当球滚出宝宝的视线时，他会清楚记得并看往正确的方向。另外，宝宝会记得自己曾做某事让人很开心，然后重复表演逗人发笑。他现在能表达很多情绪，包括幽默感，听到出乎意料的声音时会放声大笑。一般宝宝在这个阶段会很愿意帮忙也很配合，如穿衣时会积极地配合把手脚伸出来。

宝宝的手部技巧此时发展迅速，这些能力可协助他完成探索世界的重大任务。宝宝12个月大之后，可把一块积木叠在另一块上面，但还要再过一个月才能自行放开积木。他可能在这个阶段表现出对某只手的使用偏好，不过有很多宝宝在更久以后才会表现出来。宝宝抓握物品的能力已经接近大人，他现在可以一手抓住两块积木。他仍喜欢把玩具与其他物品放入容器并取出，也喜欢涂写。他还喜欢看窗外，然后指着自己看到的东西。

注意力

宝宝现在可能开始表现出有一段时间非常专注于自己所选的物品或活动，不过他的专注力时间仍非常短暂。他可准确看向大人所看之处，但仍无法持续对大人关注的焦点保持注意力，他不是不愿配合，而是真的做不到。

宝宝现在可以对图片维持短暂的注意力，并把图片与其名称联系起来。若想让宝宝获得上述两项进展，大人必须与宝宝共享注意焦点，清楚地让宝宝知道某词语确切指的是什么。这种注意力的协调，主要是由大人跟随宝宝的视线，然后谈论他的注意焦点来达成。这对宝宝日后在学校所有的学习而言都是很重要的能力。研究发现，相较于独自玩耍，这个阶段的宝宝跟大人玩互动游戏时更为专注。宝宝开始引导大人的注意力，最初是先指向某物，然后再看着大人，向大人表达自己的兴趣。到14个月大时，宝宝已可同时指向物品并看着大人。

听力

宝宝现在在背景音小、干扰少的情况下，可以过滤背景音，然后专注于前景音。如果环境配合不到位，则宝宝很容易失去这个重要的新能力。

> 我见到玛丽的时候她14个月大。因为基因异常，她一只耳朵听力正常，另一只耳朵则完全听不到。她的父母被告知这种情况不会造成任何问题，但事实并非如此。人类通过双耳听见声音的差异，才能找到声音来源。可想而知，玛丽无法做到这一点，也因此无法联结她所听见的声音与其意义。声音对她来说变得越来越没有意义，于是她把注意力全然转向观看与操作，几乎停止倾听，对说话毫

无兴趣。另外，她家里有三个比她年长的孩子，常态性的吵闹声更是让这种情况雪上加霜。

我们安排玛丽接受儿语潜能开发，把重点放在听力以及能帮助她联结词语及其意义的活动上。达成这些目的需要安静的环境，没有背景音的干扰对玛丽来说绝对必要，因为她仅能用一只耳朵倾听，如果有背景噪声，她就很难专注于某声音。我们给玛丽许多有趣的声音玩具，然后放慢速度，提高音量，加强语调起伏，让语言听起来很简单且吸引人。这么做很快就让玛丽感受到倾听是她想做的事。接着，我们借由谈论玛丽的注意焦点，很快让她开始联结词语与其意义。玛丽的听力与对词语的理解几乎立即进步了，短短4个月，她在这两个领域已达到同龄孩子的水平。

稳定地积累对声音意义的认知，有助于宝宝对世界的理解。声音的意义可协助宝宝了解一天的节奏与顺序，例如，他能辨认与用餐时间、洗澡时间、有人来访与外出等有关的声音。

在嘈杂的环境中，你希望宝宝能有社交互动时，他却变得安静了，这并不代表宝宝不想与人交际，而是因为他忙着倾听，并试图理解周围所有不同声音的意义，所以没空同时发出声音。

宝宝的第14～16个月

语言发展

宝宝理解词义的能力继续快速发展。他现在已知道许多日常物品如衣物及家具的名称，也能辨别一些身体部位，如耳朵或头发——不仅是自己的，还有布娃娃身上的。他开始理解除了物品或动作名称以外的一些词语，如“里面”和“上面”等词语，也开始理解大人手势的含义—— 一开始只有在大人靠近他时才行，现在在较远处也没问题。并且，他会以手势伴随发声来回应，表示自己听懂了某问题。例如，当被问到“饮料在哪里”时，他会指向饮料，然后发出“呃呃”声。

在这个阶段后期，宝宝已能理解整体的各个部分的名称，如门和窗是房子的一部分，袖子和纽扣是外套的一部分。他可以在没有或极少常用语境及视觉提示的情况下，理解一些非常熟悉的短句，如“爸爸回来了”。

这一阶段一大里程碑式的发展就是，宝宝能听懂包含两个重要词语的短句，如“去厨房拿鞋子”。

宝宝16个月大时说的话已包含母语中的所有语音，但通常只有非常熟悉他的人才听得懂。“学语转移过程”——宝宝牙牙学语所发出的声音去芜存菁，只保留环境语言语音的过程——在这个时期已接近完成。宝宝在这个时期所说的词语通常是大人的简化版。（例如，我的女儿一直把她的安抚巾称为“被被”。）多数家庭都很乐于保留几个可爱的早期“宝宝语”。在我家，兔子一直有“度度”的别称，天竺鼠则被叫作“天天鼠”。

宝宝现在掌握的词汇中所含的语音更为广泛，包括口腔前方发出的声音如“p”和“b”，口腔中部发出的“t”和“d”，以及口腔后方发出的“g”和“k”。他可以紧闭双唇送气发出“b”，也可以稍微放松双唇送气发出“p”。

到16个月大的时候，多数宝宝已可说六七个词语。这些词语开始出现在他说出的一串咿呀声中，仿佛他知道人们说话时不只说一个词语，而是一长串，他也在尽力做到这点。在这个年龄段结束时，有些宝宝开始能较快学会新词语，但也有一些宝宝要等到更晚才会。许多宝宝在这个时期看到东西掉落时，喜欢模仿大人说“喔喔”。

宝宝现在喜欢独自哼哼唱唱，也喜欢跟大人或其他孩子轮流“发言”，但多数互动仍非常短暂，跟每个人的互动不超过两轮。宝宝也开始发展出象征性动作，例如，以摇头代表“不要”。

整体发展

多数宝宝通常在这个时期可独立保持站姿，这个姿势能让宝宝腾出双手进行更多研究与探索。如果宝宝之前还未开始走路，现在可能会踏出几步，但仍无法突然停下来或在转角处转弯。他走路时“下盘宽阔”——两脚打开以保持稳定，他可并用手与膝盖爬上楼梯，也想试着丢球，但每次这么做都会跌倒。宝宝现在可以自己用勺子吃饭，但会弄得脏兮兮；可以自己脱掉帽子和鞋袜；也开始控制自己的行为，例如，碰到大人不允许他碰的东西时会说“不行”并把手缩回来。

宝宝手部的灵活度在持续发展。他可以叠起两块积木，并松手放开第二块。宝宝此时也较少丢掷物品了，但他仍喜欢丢出某物再把它捡起来。他现在会听从请求把玩具递给大人，然后松手，也可以轻松地滚球玩或把好几块积木放进容器。他喜欢跟大人玩耍，有时候也喜欢独自玩耍。

宝宝对书本的兴趣在持续增加，他现在可以帮忙翻页、兴致高昂地看着图片，有时还会拍打图片。

宝宝的智力与语言发展互为影响，宝宝需达到特定程度的智力发育后才能发展语言，而语言发展亦可刺激智力发育。

宝宝正稳步学习新概念。他已领悟到不仅有跟他生活紧密相关的具体的杯子和手套，而且有抽象的杯子和外套，其中包括了许多不同的杯子与外套。这种概念一开始是非常广泛的整体概念，如“用来吃东西的器物”，后来逐渐转变为较细的子类别，如“刀具”与“餐具”，最后才是“刀”“叉”“勺子”等具体概念。这些概念对于宝宝学习语言是不可或缺的。宝宝同时在学习与尺寸、数字相关的概念，如“一个”和“许多”，“较大”和“较小”等。没有这些概念，相关的词语就毫无意义。

注意力

宝宝现在可能较频繁表现出对自己所选物品或活动较长且密集的专注力。当宝宝想保持专注的时候，给他足够的机会和时间是非常重要的。然而，宝宝在多数情况下专注的时间仍非常短暂，他仍无法对大人注意的焦点维持较长的专注力。因此，大人需要常常观察宝宝注视的方向，尽量跟宝宝谈论这个视觉焦点。

宝宝引导大人注意力的能力也在持续发展。12个月大的宝宝会先指某物然后看向大人，14个月大时能同时指着物品并看着大人，到16个月大时，宝宝可能会先看大人，然后才指向某物，好确定自己指物时大人正在注意他。

听力

宝宝对声音的意义的理解继续加深。如他会长时间地密切倾听人们讲话，爸爸把钥匙插进门锁的声音或邻居孩子的声音，都可能让他非常兴奋。他会以面部表情与身体语言清楚地表达他觉得这些新词语很有趣。现在有人跟他说话时，他也不会那么容易分心了。

宝宝很有兴趣听自己所发出的声音，他的语言系统正快速与周围所听见的语言趋于一致，这正得益于他能比较自己所发出的语音与他听到的别人所发出的语音之间的差异。

这样和宝宝玩游戏

这个阶段的宝宝仍忙着继续探索，希望能理解世界是怎么运作的。他会以好几种方式进行这种探索，如探索游戏、互动游戏及现阶段出现的象征型及假想游戏——通常都涉及与他人互动的活动。

宝宝新的操作技能与对身体持续增加的控制力，都有助于他的探索活动，而且他现在可从任何情境与材料中学到新知识。宝宝所有的经验都有助于他持续增加对环境的了解并理解更多新概念，如粗糙与平滑、大与小等。这对于他有意义地使用语言极为重要。

在这个阶段给宝宝独自玩耍的时间，让他有机会自己理解一些事情固然重要，但大人的参与也很重要。敏锐度高，知道什么时候该参与并帮助、什么时候该让宝宝独自探索的大人，对宝宝的帮助最大。大人给宝宝教一些简单的事情，也有助于宝宝假想游戏能力的发展。当然，所有游戏都要配合合适的语言输入，这样能加强上述效果。

探索型游戏

宝宝手部的灵活度使他在这个阶段能更精细地研究玩具。刚开始，宝宝是以摇晃、敲击与尝味道的方式，试图了解物品的基本属性，如尺寸、形状与质地。虽然宝宝现阶段仍在大量观察与触摸物品，但他增长的智力及较纯熟的手部与身体控制力，使他得以进行更复杂且广泛的研究。宝宝对组合与配对开始产生兴趣，如把物品一个个叠起来，且会努力地操作简单的拼图玩具。宝宝开始了解物品彼此之间的关系，但仍喜欢把物品放进容器再取出，或者把玩具分开，再放回去。这些活动对于宝宝形成“较大”、“较小”或“里面”、“下面”等大小与方位的概念很有帮助。

宝宝在这个阶段首度开始使用工具，可妥善操作木钉与锤子等玩具，这可协助宝宝发展粗浅的因果观念，例如，敲打木钉可让它往下移动。

宝宝开始能操作推拉玩具，而且乐在其中。玩水也成了宝宝快乐的来源，这是绝佳的语言输入时机，能带入许多很棒的相关词语，如“哗啦”“滴答”与“劈里啪啦”等。宝宝可借由玩水学到许多概念，如“轻”与“重”、“浮”与“沉”、“满”与“空”等。

宝宝开始以更加正确的方式看书，他会真的打开书看图片，而不再像之前一样啃咬或撕毁书本。

宝宝仍喜爱能发出声响的玩具，如八音盒、钹，或嘎吱作响的挤压玩具。不过，有些玩具尤其是电子玩具，常发出足以伤害宝宝听力的高分贝声响，给宝宝玩之前请务必先行检查。

宝宝开始很想“帮忙”做家务，如扫地与除尘，好了解这到底是怎么一回事。这个年龄的宝宝很爱拿大人使用的物品替代玩具，如电话。这些玩具能让他认识这些物品的用途为何，也能让宝宝展现其模仿技能。

互动型游戏

宝宝仍非常喜爱儿歌、手指谣和歌曲，尤其是音调简单而熟悉、歌词也与宝宝熟悉的人事物相关的，宝宝很喜欢频繁地重复这些儿歌。让宝宝听任何歌曲都可以，不过大部分语言中的传统儿歌，因为节拍、节奏强烈，重复性高，对这个年龄段的宝宝有很强的吸引力。

互动型游戏现在较常由宝宝发起。宝宝会清楚地以身体语言表达他希望继续玩下去，这些游戏现在常涉及玩具与其他物品，例如，把积木放入桶内再取出、丢掷游戏、邮筒游戏、套环游戏等，都很适合轮流进行。这些基本的互动游戏将很快扩展为假想游戏，如互相挥手道别，通常由父母模仿宝宝开始，再发展为互动游戏。宝宝现在会很自如地与大人进行轮替，他先完成自己的部分，然后等候大人完成他那部分。当大人为游戏加入变化，如拍拍布娃娃的背时，宝宝也能成功模仿这些新动作。这类伴随语言的游戏，非常有助于宝宝认识语言的作用——语言可以用来完成事情、理解动作与事件的意义，还可以加强他的互动技能。

假想游戏

幼儿会先从表演简单而熟悉的日常例行活动开始，然后很快把玩具带进游戏，如假装以玩具杯喝饮料，接着以相同的玩具杯让娃娃或泰迪熊喝饮料。在假想游戏的早期阶段，宝宝是主动方，而泰迪熊或娃娃是接受宝宝动作的被动方，如娃娃接受了宝宝短暂的拥抱。不过泰迪熊或娃娃会逐渐开始“表演”，例如，泰迪熊之后会把杯子递回来。宝宝喜欢大人加入他的假想游戏，例如，给妈妈玩偶让她抱抱，或者假装喂妈妈吃东西。

宝宝15个月大时，会用比较不像真实物品的东西来代替真实物品，如把盒子当作娃娃的床，或拿积木当三明治。这个年龄的宝宝会开始联结一件以上的物品，如把娃娃放在床上，或盖上床罩。

大人参与假想游戏能使宝宝尝试更多不同的游戏，并把大人所示范的动作融入他的延伸游戏。

电脑、电视与影片

这个时期请先不要给宝宝玩电子游戏。软件制造商把5岁以下的幼儿视为市场潜力人群，甚至有针对9个月大的宝宝开发的程序。不让年龄很小的幼儿使用电脑，原因在于它跟电视与影片一样，有吸引孩子的相仿特质，幼儿确实有独自玩这些东西好几个小时的风险。这个年龄的孩子需要的是人际互动与探索，他们以后接触电脑的机会还很多，晚一点开始用电脑并不会让他们比宝宝时期就开始用电脑的孩子处于劣势，相反，后者会因此错失宝贵的人际互动和游戏时间。

此外，有很多针对幼儿制作的电视节目与影片，这个年龄的宝宝可能会开始觉得这些节目很有趣，但父母如何正确运用这些媒介极为重要。

宝宝玩具箱

以下玩具与游戏器材可满足宝宝这时期对探索游戏、互动游戏与假想游戏的需求。宝宝在这时期会逐渐建立起自己的游戏模式，他将以不同方式玩这些玩具，未来也将以不同方式运用这些玩具。

当你考虑什么玩具该纳入假想游戏时，如玩偶娃娃和让宝宝模仿你的活动的玩具等，请确认这些玩具是否能代表现实状况。例如，会讲话的小火车与飞天汽车以后或许会带给宝宝许多乐趣，但现阶段宝宝正在探索这个世界与学习其运作方式，这类玩具可能会造成混淆。我记得我在很小的时候听过一小段有关火星人的广播剧，多年后我才知道火星上根本没有人居住。

本书建议的玩具分为探索型与假想型两种，但任何玩具都可以成为互动型游戏的焦点，而且孩子会用你意想不到的方式来玩这些玩具。

许多适合这个年龄段的玩具，可以用非常低的成本在家自制。例如，你和孩子可用纸盒和小毛巾作为玩具娃娃的床铺和床上用品；盖子有洞的盒子或纸筒，可把玩具投递进去；锡盒等容器可搭配线轴玩取出及放入游戏；纸和盒子在这个时期仍能带来许多乐趣。你也可把米粒或豆子装入容器，制作很棒的发声玩具（但一定要妥善密封以防发生意外）。

探索型游戏用具：

- 宝宝可推行的玩具，如学步车或小卡车
- 宝宝可拖拉的玩具，如系绳小鸭
- 粗蜡笔
- 简单的拼图玩具
- 载有木头人的小木船
- 新的声音玩具，如鼓、木琴、沙铃或挤压玩具
- 简易邮筒
- 玩具木钉和玩具锤子

假想游戏用具：

- 玩具电话
- 简单的大娃娃与泰迪熊，以及床上用品与娃娃衣物
- 简单的火车
- 飞机
- 烹饪用具
- 家务用品玩具，如玩具簸箕、玩具毛刷或玩具扫把

请限制孩子看影片的时间，一天最多看半小时。宝宝需要大量时间与人互动，并通过游戏来学习。这个时期的宝宝学习速度飞快，若未能把握这个黄金时间，则机会将一去不复返。电视因为色彩鲜艳、画面快速所以很吸引人，如果不受限制，宝宝会长时间地盯着电

视。我见过一些一天看电视超过6小时的孩子，他们的语言能力不仅严重落后，更重要的是互动能力、游戏能力与对世界的理解也同样落后，成了一群可怜又充满困惑的小朋友。

Book

宝宝小书架

宝宝的阅读能力在这个时期最重要的发展，是感觉与人共享书本是很舒服的互动体验。你现在可以建立起让他终身受益、喜爱阅读的基础。让宝宝坐在你的腿上，这样你们可以紧靠着一起看图片。此时你对宝宝的兴趣必然高过对书本的兴趣，不要忘了让宝宝知道这一点。

现阶段最好的图书应该色彩鲜艳，有宝宝熟悉物品的图片，宝宝生活中真实人物的照片现在最适合他看。（从杂志上剪下图片制作成小书也很有趣。）他喜欢看图片中的小细节，所以现阶段的书可以比早期的书更复杂或有更多复杂的背景。宝宝会很喜欢现阶段专为小朋友设计、材质不同的玩具书，他喜欢用手去触摸，有些书甚至可按压并搭配图片发出声响，他会很惊讶地发现图上的鸭子真的会嘎嘎叫，并为之着迷。

到了本阶段中期，宝宝已经会帮你翻页，也能清楚表达自己喜欢哪些图片，他会拍打图片，对它们说话。如果他已对某图片失去兴趣，不要试图延长他的注意力，请跟随孩子的引导。

你可与宝宝一起看电视，并把这个体验转化为互动形式，然后把他看到的东西变得有意义。例如，观看儿歌影片时，如果你和宝宝一起做动作，他会感觉很有趣。给宝宝看的电视内容应与宝宝所能理解的世界有关。许多为年龄较大的儿童所设计的节目，如《托马斯小火车》《企鹅家族》等是幻想型动画，在影片中，交通工具与动物会做它们在现实生活中不会做的事，例如，说话与飞翔，这对有充足世界经验、了解这些是幻想故事的儿童来说或许非常有趣，但可能让这个阶段的宝宝混淆。毕竟宝宝刚开始学习人、动物与非生物实际上能做什么。

不要以为电视可以协助孩子理解词语，事实并非如此。宝宝将完全着迷于电视鲜艳的声光效果，却不会从中学到任何东西。有一项实验观察长时间看德文电视的孩子，结果发现孩子完全没学会任何德文。研究也发现，父母失聪而听力正常的孩子，并未从电视中学会任何语言，反而从父母那里学会了手语。

当然，你有时可能迫切需要短暂休息，而电视确实可以让你喘一口气。不过请认清这个事实：让宝宝看电视，从中受益的只有你而已。

宝宝发展正常的指标

宝宝16个月时的正常表现：

- 能辨别并使用6～8个词语；

- 能充满兴趣地看图画书；
- 能用手势表达自己想要什么；
- 听到熟悉的人或物的名称时会望向它们。

妈妈要注意的异常行为

宝宝满16个月时，如果有以下情形，请寻求专业帮助：

- 宝宝从未与你轮流发出声音；
- 宝宝听到简单的问题，如“你的帽子在哪里”，不会看往正确的方向；
- 宝宝从不发出各种不同的、让人听起来像在讲话的声音；
- 宝宝对于主动跟你玩做蛋糕等游戏不感兴趣；
- 宝宝专注于任何事的时间不超过几秒钟。

儿语潜能开发这样做

每天一对一的游戏时间，仍是宝宝学习语言的最佳情境，这对宝宝的情绪发展同样极为重要。没有什么事情，能够比确知自己每天都能得到大人全身心的关注更能带给宝宝信心。如果你有不止一个孩子，应该更能感受到他们对这种关注的强烈渴求。

娜塔莎两岁半时被带到了我这里，因为她当时只会说三个词语。她显然是个聪明的孩子，立即以富有创造性的方式玩玩具，忙着帮泰迪熊准备午餐。不过当我靠近她时，她完全忽视我，我认为自己被她视为一种干扰。她的母亲告诉我，娜塔莎向来喜欢独自游戏。

我们为娜塔莎与她母亲设定了每日的游戏时间，她母亲遵照儿语潜能开发的原则，尤其是跟随娜塔莎的注意焦点，避免以任何方式引导她玩游戏。娜塔莎很快开始觉得母亲的存在让她的游戏更有趣。看到娜塔莎与母亲愉快互动，我很欣慰。娜塔莎的语言能力很快就赶上来了，后来超越了她的同龄孩子。

宝宝跟大人一样，个性不尽相同，包括对互动的渴望。忙碌的家庭很容易发生这种事：当父母看到孩子似乎能长时间地满足于独自活动而不需要大人关注时，通常会感觉再欣慰不过。如果这种情况持续下去，在宝宝两岁左右的时候，就会出现宝宝还不会说话的后果。

一对一游戏时间，环境一定要安静

我们已知道这个年龄的宝宝学会了专注于前景音，并过滤掉背景音的能力。然而，这项能力还很新且尚未稳固，如果大人未悉心培养，宝宝将丧失这项能力。而且宝宝仅能在安静的环境中发挥这项能力，因此游戏时保持环境安静仍是最重要的事。

TIPS 安静的环境仍然极为重要。

这个时期，宝宝的游戏与之前相比会用到更多器材，这些器材将带给宝宝同时开发探索型、互动型与假想游戏的机会。宝宝的注意力多数时间仍非常短暂，因此请在游戏空间中放置不同物品，并确认这些玩具包括所有能鼓励宝宝开展不同游戏方式的器材。

你可以坐在地板上与宝宝的脸保持相同高度，玩具放在你们都可轻易取得的范围，这样一来你可较轻松地与宝宝建立共同关注点。

宝宝现在可能在房间内到处走动，你要跟着他走动。你要靠近他，他才能清楚听见你说的每句话与你发出的所有声音。

如何跟宝宝说话

宝宝在这个时期对词语的理解能力大幅增强，我们可以做很多事来帮助宝宝。

跟随宝宝的注意焦点

大量研究证据显示，大人与宝宝共享关注点的程度越高，宝宝掌握的词语越多、会使用的句式结构也越复杂。以下是针对两种不同情况的比较：

（1）大人试图引导孩子将注意力集中在大人所选的物品与活动上。

（2）大人跟随宝宝的注视焦点，并谈论该焦点。

研究发现，相较于前者，后者所使用的词语更容易被宝宝理解。如果大人能跟随宝宝的注意焦点，宝宝即能以惊人的速度联结词语与其意义。

宝宝就是喜欢我们这么做。大人不也是喜欢自己喜爱的人，对我们感兴趣的事表现出真正的兴趣吗？你只要针对宝宝感兴趣的事物发言即可，完全不需问问题或指示宝宝。提问只会让宝宝陷入试图想出答案的困境，而指示宝宝意味着他必须决定是否要遵从大人的指示，这两种情形都会干扰宝宝倾听；相反，跟随宝宝的注意焦点做出评论只会增加宝宝的乐趣，而不会给他造成任何沟通压力。

TIPS 提问与指示都会干扰宝宝倾听。

你越清楚知道宝宝心里在想什么，就越能帮助他。若宝宝对某物感兴趣，希望知道该物的名称，你在他看图片时可以说“这是小鸡”，同时配合发出小鸡的声音如“叽叽”，宝宝会很开心。宝宝可能会对正发生的事感兴趣，如积木倒下时你可以说“全都倒了”，小汽车撞在一起时你可以说“砰”。知道什么时候该说些什么通常并不困难，你其实正在跟一个很能干的沟通者互动。

我看过许多过去大量接受大人指示的孩子，他们在我接近他们想一起游戏时，会转身背向我，而且不管我多么绞尽脑汁地与他们面对面，他们总能巧妙地避开我。但在半小时内，宝宝就会发现我在跟随他们的注意力焦点，为他们说出物品名称或配合发出声音（如当他们拿起小汽车时，我就说“嘀嘀”）来强化他们的游戏乐趣。这时，他们就会乖乖转过身。每次看到这种改变，我都觉得既有趣又开心。

协助宝宝享受倾听的乐趣

为宝宝准备声音玩具，好让他在安静的环境中享受倾听这些声音的乐趣。把握机会让宝宝观察声音从何而来，例如，从书本中发出的声音。宝宝在房间内走动时，你同样可抓住机会给他展示什么物品会发出什么声音。例如，宝宝感兴趣的话，你可用指甲轻敲窗户，或以手指划过百叶窗叶片，他会觉得特别好玩。

TIPS 让宝宝觉得倾听是件愉快的事。

当宝宝期待地看着你，表示轮到你发起活动时，就是进行儿歌游戏的好时机。请继续进行互动游戏，如躲猫猫与拍拍手等，宝宝仍很喜爱这些游戏，它们是帮助宝宝在未来掌握真实对话技巧的重要基础。

协助宝宝破解语言密码

你以前会调整自己的发音，以帮助宝宝专注于你说的话，现在更应该这么做，这对于宝宝理解词语很有帮助。

使用简单的短句

除了继续对宝宝说只含一个关键词的短句外，对宝宝说包括一个以上关键词的短句也很重要。记得不要只说词语，例如，你可以说“这是泰迪熊”“你的鸭子”“另一辆汽车”“娃娃来了”。请务必在这个阶段带入物品的名称，不要只说“在那里”。物品名称是宝宝现阶段学习的要点。但如果宝宝的兴趣焦点是正在发生的事，我们可以说“它撞到了”或“它们倒下来了”。把重音放在重要的词语上，可协助宝宝辨识它。不过，不要扭曲你的语言，一定要保持自然，而且你说的短句一定要合乎语法。我们不会说“它车”，而会说“它是一辆车”。在短句间稍稍停顿，让宝宝有时间吸收。

伊丝拉的母亲常跟她说话，但她说的句子类似这种：“我们该去商店了。我在想我们应该现在买面包还是稍后再买。”而伊丝拉在这个阶段只认得自己的名字、“爸爸”和“不要”。她的母亲了解了短句的重要性后，开始用短句与伊丝拉说话，伊丝拉很快就明白了许多词语的意思。

研究显示，这个时期母亲对孩子使用的句子越简单，孩子以后学习复杂句子的速度就越快。

TIPS 句子一定要符合语法。

讲话时速度稍微放慢、音量稍大且语调要有起伏

当你这样对宝宝说话时，宝宝会专心地聆听。这种说话方式也能让宝宝有机会听清楚哪些音出现在哪些词语里。

大量重复对宝宝说的话

试想你学外语时的情形，你难道不想一再重复听到相同的词语，以便记住它们吗？宝宝也一样。他现在的词汇库已包括多数母语的语音，但这些语音尚未被使用在正确的词语上，主要是因为他不记得哪些语音该用在哪里。唯一的方式是让宝宝反复听相同的词语，让宝宝在许多不同的情境中听到相同的词语。他会发现，自己的帽子无论是戴在头上、放在地板上，还是装在妈妈的包里，永远都叫作“帽子”。

只要宝宝的兴趣聚焦于某物品，就把物品的名称带进一连串的短句。例如，当宝宝捡起一个球玩时，你可以说：“这是球。你的球。球在滚了。”一边做某事一边说出名称的日常活动也很有意思，如边帮宝宝边脱衣服边说：“袜子脱掉，鞋子脱掉，手套脱掉。”边玩边说“强尼跳，妈妈跳，爸爸跳”等游戏也是如此。第一次说出某关键名称时，稍微把重音放在上面，好让宝宝能清楚辨别该名称。

TIPS 宝宝需要反复听到一个词语才能学会它。

模仿宝宝的声音说给他听

宝宝母语中所有的语音现在都已进入他的发声系统，这让宝宝得以比较自己与你的发音。没有什么比这种方式更能鼓励他开展“对话”，尤其是针对仍不会说话的宝宝。随着宝宝的发声比过去多，模仿宝宝的声音给他听的形式可以稍微复杂一些，如果宝宝说出一长串的声音，你可以模仿最后几个音给他听。宝宝会很喜欢你这么做，也可能会发出更多声音来回应你。

持续对正发生的事发出拟声词

发出“嘟嘟”“喔咿喔咿”“隆隆”等声音来配合汽车、消防车与飞机等交通工具，或在扫地时发出“唰唰”声等，这既可以让宝宝感受到声音是很有趣的重要信息，也使他有机会听个别的语音。宝宝仍很喜欢你把他抱起时说“抱起小宝宝”，或在上楼梯时说“咚咚咚，上楼啰”等短语。你可以从宝宝的表情看出他有多么喜欢这些话，即使他累了或不太开心，也会仔细听。

TIPS 拟声词能让宝宝觉得声音很有趣。

回应宝宝想表达的意思

虽然宝宝现在已经可以运用几个词语，但请不要刻意鼓励他这么做。他做好准备之后自然就会使用词语，而在没有压力的情形下会更快地做好准备。重要的是，不管宝宝以什么方式试图告诉你什么，一定要回应宝宝想表达的意思。宝宝现在能娴熟地运用肢体语言、面部表情、手势，甚至比手画脚来表达自己，所以了解他的意思并不困难。研究发现，父母做到这一点——回应宝宝不管以何种方式表达的意图——跟孩子的语言发展程度形成正比。

让宝宝知道你是什么意思

在此阶段，帮宝宝破解语言密码的最好方式仍然是用手去指。为了帮助宝宝理解一句话中提到的某个名称词，我们在提到该名称时，顺便指出该物，对他的理解会大有帮助。例如，当宝宝看着鸭子时，我们可以说“这是鸭子”，顺便指向鸭子，这样可以避免孩子将物品与名称做错误的联结。

TIPS 说出物品名称时顺便指给宝宝看。

你可运用面部表情和肢体语言协助宝宝理解词语，让宝宝理解你的情绪和态度。

请你不要这样做！

因为宝宝此时变得很有行动力，想要探索并研究所有东西，包括插座、灯具、珍贵的装饰品等，所以你很容易脱口而出“不可以”“不要碰”“停”“把那个放下来”等，但请尽量不要这么说，尽可能避免对宝宝使用负面的语言。你花了许多时间与心力传达给宝宝听声音是很有趣的一件事，但没有人喜欢听负面的话。可以的话，尽量改以肢体阻挡宝宝，或分散其注意力，这比语言更加有效。（请不要误解我是在鼓励父母放任孩子做任何他想做的事，我所顾虑的是你阻止他的方式。）

TIPS 保持语言的正面性，不要说负面语言。

宝宝很可能会在这个时期吐出神奇而美妙的几个字，请忍住喜悦，不要叫宝宝“说给爸爸听”“说给奶奶听”“说给阿姨听”或说给任何人听。宝宝了解许多沟通的本质，他知道这么做并非正常沟通，只会让他忸怩不安，然后形成阻碍。你可以在宝宝没听到的时候，在电话里跟别人分享这份喜悦，别在宝宝面前评论他说了什么、说得怎样，但一定要回应他沟通的意图。

TIPS 不要评论宝宝说了什么或说得怎样。

我看过很多孩子原先已开始说话，但因为家人太过热切，反而使宝宝长达6个月甚至更长时间不再说话。

永远不要要求宝宝说或模仿词语及任何声音，我们的职责是用最合适的方式跟宝宝说话。如果我们这样做，宝宝自然会开口说。

如何问宝宝问题

大人常向这个年龄的宝宝提问，这些问题通常有两个目的：一是获取信息，如“你想要苹果吗”；二是要孩子回答，如“这是什么”。

你可以问第一种问题，但不要问第二种。因为前者是大人真的不知道答案的真实沟通状况，即使很年幼的孩子，也知道这一点。第二种问题则与沟通无关，实则为一种测验。如果宝宝已经知道答案，问这种问题并不会增加他的知识；如果他不知道答案，这么问只会让宝宝觉得难过，可能严重妨碍他的沟通。我曾在诊所见过一个小男孩，他除了“这是什么”以外什么也不会说。我们不难推测他平常一直反复听到这句话。

TIPS 不要用提问测试宝宝。

在这个年龄段，你不能问宝宝“这是什么”，未来很长一段时间也不要这么问（除非你真的不知道，但这也太诡异了）。当宝宝年龄较大时，有技巧地发问可帮助他思考并理解问题，也是父母把对话的发言权转移给他的方式，但此时的宝宝离那个阶段还很远。

跟宝宝独处半小时以外的时间，你可以做什么？

你很忙，但又想与宝宝保持接触，可持续以“现场报道”的方式跟宝宝说话，并且向他指出有趣的物品与事件。但记得在跟宝宝说话时，多数时间请保持句子简短。你越能调整自己的口语，对宝宝的语言学习越有利。这个阶段如果有家族成员的帮助，对宝宝将很有益处。

阶段 6

16 ~ 20个月

关注宝宝的注意力集中程度

16~20个月的宝宝

这是一个令人兴奋的时期，宝宝从此由婴儿期进入充满自信的幼儿期，这期间会发生许多戏剧性的变化。

宝宝16个月大时，已成为一个作息规律与你越来越接近的小小人儿。他多数时间都能睡一整夜，白天只睡一两次。用餐时间变得较规律，虽然在刚起床与入睡前还是想抱着奶瓶喝奶，但是用杯子喝东西的技巧变得较纯熟。他可能开始在宝宝椅上坐不住了，也想跟大人一样坐在正常的椅子上。

宝宝想对生活多一点控制，想主导游戏。例如，当你们去散步时，虽然主要是由你来推婴儿车，但他一定会表现出厌烦，而热切地想跟你轮流推车。他很喜欢爬上各种物品，如沙发、床铺，以及任何他碰得到的东西，因此很容易惹出麻烦。

宝宝的第16～18个月

语言发展

在此阶段，宝宝对周围事物的理解越来越深。他不仅知道物品的用途，还知道其用法。只要你给予足够的帮助，他对词语的理解能力就会快速增长。这个时期开始时，宝宝可能会辨认许多日常物品的名称，如家具与衣物，接着他可能会跨出重大的一步，开始理解包含两个关键词的短句，如“你的杯子在厨房”或“我们找到泰迪熊给爸爸”。你自然而然地在口语中轻轻强调重要的词语，有助于宝宝注意这些词语，但不要过分强调重音，因为这样会扭曲句子的节奏。

宝宝开始能适当地回应周围发生的事：你准备外出时，他就去拿鞋；你煮东西时，他安坐在椅子上。他现在开始能联系类别与相关词语，例如，他知道背心是一种衣物，跟上衣和袜子属于同一个类别。

宝宝会看向正确的方向来回应简单的问题，如“泰迪熊在哪里”，但他仅能在熟悉的情境中辨识出部分词语，例如，当自己的碗在视线范围内时，他才会张望着找碗。

宝宝17个月大时，似乎每天都能懂一些新词语，尤其是身体部位、衣物或动物的名称。他对你运用语言的方式逐渐发展出强烈的感受，也能恰当地回应问题、评论或命令，如“想要苹果吗”“有一只猫咪”“去拿你的鞋”等。他现在也能理解名称以外的词语，并懂得一些简单的动词，如“坐下”和“到这里来”。另外，宝宝对自己身为独立个体的意识正在提升，这表现在他对“你”“我”等代名词的理解上。

宝宝现在不仅对词语，对于包括两个关键词的短句或短语的理解能力也在增强。他现在可以遵从一些短指令，如“去你的房间拿外套”或“拿你的球给强尼”，甚至可能同时把你要求的两个物品拿来，如“给我梳子和勺子”，但只限于他愿意配合的时候。

看着宝宝在这个阶段进步如此神速，很多父母会很兴奋并急切地想炫耀，但如果宝宝在别人面前表现得不如在你面前的样子，也不用太过失望，这是正常现象。

宝宝牙牙学语所发出的声音已包括相当广泛的语音、音高与声调模式。他真正会讲的词语仅有六七个，但数量将逐步且稳定地增长。多数宝宝到至少20个月大时，词汇量才会快速增加。但在这个时期，宝宝对词语的运用似乎落后于他的理解程度。不要急，这再正常不过了，他很快就会赶上来。

宝宝最初学会的词语通常是他感兴趣的人与物的名称。他很喜欢参与别人的对话，所以能很快学会“你好”和“再见”等。宝宝最喜欢的词语还包括伴随着熟悉动作的词，如“抱起来”。但他现阶段所用的词语，一般都还受限于自己熟悉的特定情境，如“泰迪熊”指的可能是他自己的泰迪熊。而且只要宝宝对某事感兴趣，词语的长短反而不是影响他是否会说的关键因素。

宝宝会加倍发挥此时会说的有限词语的功能，如以“喵”代表猫咪，“瓶”代表奶瓶等。当宝宝不知道某物品的正确说法时，他会聪明地以自己觉得相关的词语来代替，例如，以“球”表示所有圆形的东西，包括月亮、轮子，甚至是茶包。宝宝会用这些早期的词语表达相当广泛的意图。“汽车”可以表示“我想要汽车”“那是我的汽车”，甚至“我不喜欢那辆汽车”。宝宝会用面部表情和肢体语言清楚表达他的意思。

宝宝现在可以和别人进行两个来回的互动对话。例如，他说“汽车”，你回答“这是你的汽车”；接着，他可能边推着小汽车边说“嘟嘟”，撞上某物时等着你说“砰”。

宝宝到18个月大时，会学到更多关于物品、事件或人物的抽象概念，例如，能理解泛称的“狗”或“购物”是什么意思。他的用语开始从特定事物转移到普遍性的事物上：他现在已经知道“狗”可以表示所有的狗，而不只是家里的宠物狗。在某种程度上，这是促进宝宝口语词汇快速增加的原因，尤其是词汇现在已被他当作象征符号使用。

整体发展

宝宝语言发展的关键因素，在于他的智力、活动能力与手部灵巧度能不断提升他对周围世界的理解。这个年龄段最重要的智力发展，是他所理解的概念快速增多。这些概念一开始很宽泛，如四只脚的动物，然后逐渐变得精细，如他开始了解鸟、鱼、狗和猫等种类，最后才是个别的动物。

宝宝会非常熟练地到处走动，拿起并操作他感兴趣的物品。这些不断探索世界的活动，能帮助他强化对于概念的理解。例如，除非他试着去拿很重的物品，否则他很难理解“重”的概念。

宝宝的手眼协调能力也在提升，例如，他可以把积木装满某容器然后清空，也能用铅笔或蜡笔有目的地涂写或点画，然后兴致高昂地检视自己的成果。他会推或拉着大型玩具与交通工具到处走，因此得以更准确地判断物品的尺寸与方位。他现在比较有兴趣完成自己发起的活动，如把自己所有的交通工具都停放在一处，或把全部积木放进玩具卡车。

宝宝到处走动的能力的增长也有助于他探索世界。他现在可以在不需辅助的情形下跪坐，上身挺直，也能自己坐到小椅子上。他现在走起路来更加稳定、更加自信了，他喜欢推手推车。他可以把椅子推到某处好爬上去拿玩具。如果你牵着他的手，他就可以上楼梯了。他喜欢踢球的动作，但现在只能做到走过去用脚碰球。

如果你看到宝宝大量模仿，不要太过惊讶，他一方面想知道做你所做的事是什么感觉，另一方面也想知道别人跟自己有什么不同和相似之处。他喜欢邀请别人加入他的游戏，会把玩具递给你，以此邀你加入。

注意力

现阶段的宝宝要控制自己的专注力仍很困难，所以仍会快速变换注意焦点。这种注意力分散的情形，与他对自己感兴趣的事物全神贯注的情形互相穿插。宝宝不那么全神贯注时，可能会兴致勃勃地跟随你的注意焦点；当他专注于某事时，可能根本听不见你对他说的话。

听力

宝宝现在可以定位来自多个方向的声音，这对于他建立声音与声源的联结有极大帮助。他现在可以扫描环境中的声音，选择他想听的声音，然后专注其中较之前稍久一点，并能过滤掉背景音，但这项能力仍不稳定，需要环境配合。

宝宝的感官综合能力——同时看与听的能力——也正在发展，但仅在特定情况下才能展现：周围没有干扰，看和听的是同一件事，而且是他所选的注意焦点。

宝宝对于听人说话越来越感兴趣，听人说话时也比较不容易分心了，有时甚至会重复听到句子的最后一个字。

宝宝的第18～20个月

语言发展

如果有环境的配合，宝宝每天能辨别多达9个新词语。

到20个月大的时候，他已经可以理解常用词句在熟悉环境外的意思。例如，不仅在自己家里，若在邻居家听到“茶准备好了”，他也会有反应。他开始理解许多字词可以代表不在场的人或物，所以虽然奶奶没有来家里，但他听到“奶奶在哪里”的熟悉语句时也能加以回应。换句话说，他现在已真正开始理解语言，在没有熟悉情境的辅助下，也能理解词语的意思。

宝宝开始能辨别一些模型物品的名称，如玩具汽车或娃娃屋的家具等。这说明他对词语的抽象意义的理解已加深。他现在也可以说出插图中物品的名称，并可以看图片长达两分钟，听到相关名称时也会指出图片中的身体部位与衣物等。宝宝也通过反复体验理解了做事的先后顺序。例如，宝宝洗完澡出来，知道下一件事是擦干身体，此时听到“这是擦身体的毛巾”时，会比较容易推断“毛巾”是什么意思。

宝宝现在也更能熟练地使用非语言的提示，如手势、情境，以及你用眼神发出的信号，来帮助自己理解某词语所代表的事物，还能相当细腻地推断你感兴趣的东西是什么。

宝宝的语言伴随着理解力一起发展，但仍落后于其理解力。大部分这个年龄的宝宝多数时间仍以各种声音、音高及语调模式来发声，而且每个宝宝所用的词语数量可能存在极大的差异。在本阶段结束前，有些宝宝仅能使用9 ~ 10个词语，而一些宝宝则能使用多达50个有意义的词语。

有些宝宝约20个月时，词汇量会突然大增，这些词语多数仍是家族成员、宠物、喜爱的玩具的名称，或“起来”等动词，或警报声等环境声音。他现在可用语言和人交流了，例如，别人要他说“再见”时，他就会这么说，而在本阶段刚开始时，他只会以简单的声音或手势来回应。渐渐地，手势开始变得较不重要，语言则慢慢成为他主要的沟通工具。20个月时，词汇量急速增加的宝宝，所能使用的词汇形式已相当广泛，包括“喝”等动词、“大”与“小”等形容词，并能回答简单的问题，如“你要苹果吗”。

宝宝此时使用的词语仍用来表达相当广泛的意义与目的，所以宝宝说“爸爸”可能代表“抱我起来，爸爸”“过来这里，爸爸”“爸爸的汽车”“轮到爸爸了”等意思。不过随着宝宝词汇量的增加，这些过度延伸的用语将逐渐减少。宝宝用来称呼所有四脚动物的词也将被各种不同的动物名称取代。

宝宝20个月时，词汇量可达约50个，并且已开始能把两个词语结合在一起，当然他仍会持续使用单词好一阵子。你可能会在此阶段听到宝宝说出他的第一个句子，这确实是令人兴奋的重要时刻。宝宝第一个真正与其他词语联结的词，通常是“不见了”与“还要”，如“妈妈不见了”“还要喝”，但他用的最早的双词结合，通常是把两个完全独立的词语连在一起，如“我车”，代表“我要那辆车”。当然，他用词的顺序也可能不准确。我女儿在这个阶段想要我看什么东西时，会坚定地说：“妈妈看。”这些早期的双字（词）句子通常有好几种意思。“玛丽帽子”可能代表“我要我的帽子”“把我的帽子给我”，甚至是“我不喜欢我的帽子”。所以，虽然宝宝已用句子说话，但仍需要成人的解读。

这个年龄的宝宝对模仿很感兴趣，多数宝宝会模仿两个词语的句子，也会持续模仿环境的声音，如消防车经过时他会说“呜呜”或看到狗时他会说“汪汪”。

宝宝的发音在这个阶段仍未成熟，所以骄傲的父母常发现，自己是唯一能听懂宝宝说话的人，这主要是因为宝宝还记不住词语的正确发音，还有一些语音需要非常精细的唇舌配合才能发出来，宝宝只有在大量比较自己发出的声音与所听到的声音后，才能发出正确的音。

整体发展

宝宝此时可以拧开盖子，打开门，翻好几页的书，也可以堆叠三块积木的小塔或火车。他可以把6个玩具木桩放进孔洞里，也能把正方形与圆形塞进形状板中。他喜欢把两个相似的物品配对在一起，例如，把两辆相同的汽车放在一起。他现在也可以扔球，虽然可能扔错方向。

他对身体的控制力增强了，现在可以安全地开始并停止行走，也可以蹲下捡起玩具，或爬到大椅子上转身坐下。他对自己的身体大小与空间的对比有了比较清楚的认识，也知道自己是否能钻进某个箱子。

在社交方面，他看到成人做什么都想模仿，喜欢假装看书、泡茶，以及他观察到的发生在身边的所有的事。他充满好奇地想知道这些事是怎么一回事，并抱着强烈的决心要去探索这世界的一切。

注意力

就注意力而言，你不会觉得宝宝第17个月、第18个月，以及第19个月与第20个月之间有多大差别。现阶段，如果他全神贯注于某事，你仍无法把他的注意力转移至他处。唯一可能发现的差异在于，从宝宝18个月起，可以从较远处准确定位你正注视的焦点，因此对于追随你的注意焦点更感兴趣。

听力

在听力方面，这个阶段与上一阶段相比变化也不明显。但宝宝此时很可能对听别人说话展现出很大的兴趣，因为他联结声音与声源的能力比以前强多了。

这样和宝宝玩游戏

探索型、互动型与假想游戏都有助于宝宝更进一步理解世界如何运作。因为宝宝的学习非常快速，为他提供丰富的玩具与情境很重要。他现阶段喜欢独自玩，也喜欢跟同伴一起玩，你应该对他每时每刻的需求保持敏锐，他通常会明显地让你知道他什么时候希望你加入。

探索型游戏

你会发现宝宝对肢体的控制、手部的灵活度与手眼协调能力大幅成长，这使他能进行大量有趣的探索。他现在能更准确地把事物联结在一起：他会仔细地把床单放在娃娃床上，也能以较复杂的方式连接物品的不同组件，例如，把拼图片放入简单的拼图板里。他将学会如何搭积木以保持平衡、哪些拼图太大或太小，以及把它们转个方向就可以放进去。

宝宝现在会以物品原本所设定的用途来使用它们，例如，敲鼓，推行交通工具。他现在玩游戏时更能坚持，也更灵巧了：可以搭起一座不会马上倒塌的小积木塔，喜欢把东西配对并分类，能从装满与清空容器中得到极大的乐趣。我发现一件有趣的事：宝宝联结两件物品的时间点，跟开始联结两个词语的时间点差不多。

宝宝开始喜欢玩黏土，他的乐趣来自拍打、拉扯与扭转黏土，而不是实际制作某物。他也喜欢坐在沙坑里，尤其是在沙坑里有其他宝宝的时候，但他其实还不会玩沙子或堆沙子。

以彩色铅笔或蜡笔涂写仍是宝宝的最爱之一，尤其是他现在可以模仿垂直的笔画。水仍是他容易搞得乱七八糟但充满乐趣的游戏道具。任何发出高分贝声音的玩具都能取悦他。他会急切地与你分享刚发现的新游戏，这是和宝宝一起玩的绝佳时期。

互动型游戏

宝宝过去几个月来所学的互动型儿歌和语言游戏，目前在他的游戏时间仍扮演着举足轻重的角色。不过与之前固定、可预测的重复模式相比，现在他更喜爱变化甚至刻意加入的混乱。如果你假装弄错了，他会觉得超级好笑。宝宝现在几乎是与你平起平坐的伙伴了，事实上，常由他来主导活动。例如，他很喜欢你们轮流变换角色的游戏，像是躲猫猫、追与跑等游戏。

宝宝玩具箱

宝宝很懂得以自己的方式玩这些不同的物品。如果你买了一个很棒的玩具，却发现宝宝玩它的方式跟你所想的完全不同，请不要觉得挫败。

假想游戏用具:

虽然宝宝可象征性地使用物品，例如，推着箱子往前走，假装是小汽车——但仿真玩具仍能给他很多鼓舞。

- 餐具与仿真食物

- 玩具吸尘器
- 小洋娃娃
- 布娃娃的婴儿车、床具、浴缸和毛巾
- 玩具车

探索型游戏用具:

- 可浮沉的物品、更多玩水的容器
- 简单的拼图板
- 可拧来拧去的玩具
- 不同高度的木桩与游戏板
- 黏土

这些游戏对于维持共同注意焦点有绝佳作用，可以轮流模仿对方的动作和面部表情，用泰迪熊或其他软质玩具来模仿动作更好。

宝宝小书架

宝宝现在很享受把书打开与合上的乐趣，并能协助你翻页，同时看书里的图片。阅读图书是你们双方享受互相依偎的绝佳互动时间，所以由他来主导，他想翻页时就翻页，给他充足的时间看他想看的东西。（记得要告诉他图片是什么意思，而不是问他问题。）他仍喜爱材质多变、会发出声响，或有小惊喜的立体书。

为宝宝选书时请注意：

- 书的内容应与他的日常经验相关。
- 宝宝喜欢简单、鲜艳、有很多细节的图片。图片可以是宝宝正在做的熟悉的事，而不必只限于物品。他会从含有熟悉事件的故事中学到很多事，如购物或去公园。许多含有两个关键词的故事，如“狗狗在叫。它想吃晚餐。这是它的晚餐”都很适合他的理解水平。
- 宝宝很喜欢重复的字句。

假想游戏

宝宝现在喜欢模仿你与其他大人在做的事，虽然他也可能专注于短时间的单一动作，如推着扫把走，或假装使用刷子。无论是男孩，还是女孩，现在都喜欢玩小娃娃或动物玩偶，也喜欢给它们喂食，帮它们洗澡，用婴儿车带它们出去散步。他会更频繁地想让其他人加入这些活动。宝宝有时候还会模仿你阅读、写字、做饭或做许多其他事情，你的任何一个小爱好，都可能出现在他的模仿里，这实在很有趣。

电视与影片

之前的年龄阶段适用的三项重要原则，现在也同样适用。

- 不要让宝宝一天看超过半小时的电视。目前，他还有更需要做的事，例如，游戏、获取真实经验，尤其是与人互动。看电视不会让他得到这些。
- 如果你很希望他去看某电视节目或影片，不要让他独自观看，跟宝宝一起看，把看电视变成一次互动体验。
- 记得宝宝正在理解这个世界、物品的用途与人们做事的原因。他不知道火车实际上不会讲话，而且很可能相信它们真的有这项能力，这种影片或节目容易给宝宝带来许多困惑。

许多影片在视觉上都非常吸引人，若不加制止，宝宝很可能一天会看好几个小时。我们见过很多这样的宝宝，后果都很严重。

宝宝发展正常的指标

宝宝20个月时的正常表现：

- 能够模仿消防车、飞机或动物等的声音；
- 能够模仿短句，如“走吧”；
- 在大人的要求下能指出洋娃娃的头发、耳朵和鞋子；

- 词汇量在10～50个之间；
- 能够模仿包含两三个词语的短句，或他听到的一些声音；
- 能够理解一些非名称词语的意思，如“吃”“睡”；
- 知道“你”和“我”是指什么。

妈妈要注意的异常行为

宝宝满20个月时，如果有以下情形，请寻求专业帮助：

- 还不会说任何词语；
- 听不懂“你的鞋子在厨房里”之类的短句；
- 不想吸引你的注意力；
- 不想跟你玩；
- 不会到处张望寻找声音来源。

儿语潜能开发这样做

你和宝宝到目前为止可能已经享受好一阵子的每日游戏时间。请继续这么做。你不只是为他提供语言学习的最佳机会，而且这对他的情绪发展也是极有利的。没有什么比宝宝知道自己得到大人全身心的关注更能带给他信心了。未得到大人充分关注的宝宝，通常会花费许多精力做一些被禁止的事，试图引起大人注意。

TIPS 每天与宝宝共处的半小时仍很关键。

查理在年龄相近的三兄弟中排行老三，我第一次见到他时他三岁，当时他只会讲包含两三个词语的短句，这让他的母亲十分沮丧。查理会想尽办法搞破坏，甚至毁掉他最喜欢的活动，如玩水游戏。由于他之前曾让家里遭过一次“水灾”，所以大人禁止他玩水。

我第一眼就能感受到查理有多么不开心：他看起来苍白而紧张，几乎很少露出笑容。我向他妈妈说明给予查理全然属于他的时间有多重要，虽然我完全了解这么做对她来说有多么不容易。不过，在亲戚朋友的协助下，查理的母亲尽量每天腾出一小段时间陪查理。两周后再次见到查理时，他看起来和之前判若两人，他的头高高昂起，脸上有了血色，表现出快乐而自信的样子。他的语言发展非常快速，他的母亲还告诉我，他的淘气行为已完全消失。

一对一游戏时间，环境一定要安静

我必须再三强调：保持安静！宝宝自己选择想听什么并过滤掉其他声音的能力尚未成熟，若不能在安静的环境中进行，宝宝的这项能力可能会完全丧失。请检查所有电视、电脑与手机是否已悉数关掉；并提醒家人，除非有紧急事件，否则不要来打扰你们。

关掉手机！

前一阵子，萨拉的母亲告诉我，萨拉从儿语潜能开发中得到的飞速进步突然减缓，这让我很困惑。萨拉的母亲向我保证她严格遵守了规则，因此我决定去她家一探究竟。我发现隔壁邻居把音乐开得非常大声，萨拉和她母亲一起游戏的房间里显然可以听见。萨拉的母亲并未注意这件事，因为音乐声并未大到对大人造成影响，不过当萨拉和她母亲搬到另一个房间后，萨拉又继续快速进步了。

待在没有太多干扰的环境，对宝宝的注意力发展非常重要。因此，你必须取得平衡，最好能为宝宝提供充足的玩具，让他愿意迅速从某玩具转移至另一个玩具，但玩具又不能多到让他太容易分心。我通常会给宝宝充足的玩具供他选择，但也会确定他有足够的地板空间，以便在上面玩耍。我会把玩具分好类，让他可以清楚看到有什么，而不必把它们都倒在地上。请给宝宝玩探索游戏与假想游戏的机会，包括积木、拼图、娃娃、声音玩具与一些图书等。

在玩具与玩具之间留些空间，让宝宝更容易看到有什么玩具可以玩。

如何跟宝宝说话

宝宝需要大量的游戏经验，也需要你的帮助来理解相关词语，之后才能使用这些词语。你所提供的帮助，将使宝宝终身受益。

了解宝宝的注意力状况

你必须对宝宝的注意力发展程度保持敏锐。目前，宝宝时而快速变换注意焦点，时而长时间一心一意地专注于自己所选的物品或活动。如果你很清楚这些差异和转换，就不难看出宝宝现在是什么状况。

不要把自己设定的注意焦点施加在宝宝身上

不要试图引导宝宝的注意力，尤其是当他将全部注意力集中于某事物时，这只会让你们感到挫败，因为他就是无法听你的话，你必须等待。我记得我大儿子小时候曾专注地把积木投进一个纸箱，花了很长时间，我却在一旁急着想给他看一个超酷的新玩具，所以我非常了解那种心急的感觉。但我们真的不能强迫这个年龄的宝宝专注于我们所选的玩具。

TIPS 不要试图引导宝宝的注意力。

对宝宝进行连续的现场解说是不错的想法，但如果你觉得他好像并没有一直在听，也不用惊讶。你只要记得，你越能准确说出宝宝心里所想的事，他越可能听你说话。

跟随宝宝的注意焦点

当然，有时你也可以用有趣的事物来吸引他的注意力，尤其在游戏时间以外。但请在这段全神贯注的时间里，让宝宝成为主导者。有许多针对共同关注点如何影响宝宝的研究清楚地指出，大人跟随宝宝的注意焦点，能让宝宝更容易学会新词语。

TIPS 观察宝宝的脸，弄清楚他在想什么，然后适当地发表意见。

所以你应该努力琢磨宝宝心里在想什么，然后针对他所想的事发表意见。他是想知道那是什么东西吗？——“那是一只河马”。他希望你用该物品做一些事？——“我们来让泰迪熊跳起来”。他对正在发生的事情感兴趣，希望你可以加以解释？——“它破了吗”。宝宝很懂得用手势与面部表情来沟通，所以要知道他在想什么通常不难。顺其自然，让宝宝自由地把注意力从某物转移到另一物上，总有一天宝宝自然会做好准备接受大人的引导。

纳森两岁时还说不出一个词语，这让他的家人感到沮丧。在观察他与父亲游戏的状态时，我发现他的父亲会不断说出一长串的问题与指令："过来看这个，纳森。这是什么颜色？它是怎么运作的？对的，我们现在来看这个。这上面有几块积木？什么形状？说'三角形'，纳森。"纳森则忙着忽略他的父亲，经常背对着他，这使得父亲越来越感到挫败。纳森的父亲认为，纳森不会说话是因为他理解的词语不够多。

纳森的父亲了解了如何帮助纳森提高理解能力后，非常努力地改变自己与儿子的互动模式，前后花了约一个月的时间。当他改变之后，纳森进步迅速。我很开心听到他告诉我，他和纳森有多享受他们共享的游戏时间。4个月后，纳森的语言发展已大幅超越他的年龄水平。

请记住，游戏时间必须完全避免提问或发指令，只对宝宝当下感兴趣的事物发言就好。当你问宝宝问题时，他的部分心思就会去思考答案，或去想到底要不要回答这个问题。如果给他指令，他就必须决定要不要遵从这个指令。

帮助宝宝持续享受倾听的乐趣

现在不管到哪里，都充满了噪声，你们的游戏时间可能是宝宝唯一能正常倾听的机会。请确保宝宝在能轻松倾听的环境中，持续享受声音的乐趣。

TIPS 声音玩具和儿歌可让倾听变得有趣。

- 玩声音玩具，如乐器或摇起来能发出不同声音的容器。
- 唱儿歌给宝宝听。儿歌不仅可让宝宝感觉倾听声音很有趣，而且研究发现，大量接触儿歌的宝宝，日后阅读能力较佳。强烈的节奏与大量的重复可让宝宝理解音节和词语的建构，使他未来可把这些词语轻松转化为书写形式。
- 找机会让宝宝了解声音从何而来。例如，当你应宝宝要求打开盒子时，可让他看声音是从哪里发出来的。
- 帮助他破解语言密码。

使用简短的句子

继续对宝宝说简短的句子，这么做可以协助他联结词语与其意义。例如，“汽车在桌子上”和“我们把你所有的汽车都放在运输车上，然后假装桌子是海边，我们要把汽车送到那边去”这两个句子相较之下，宝宝更容易从前者辨认出关键词语。

你可以使用大量的新词语，只要把这些词语放在宝宝能清楚知道关键词是什么、所指称的东西是什么的短句中，宝宝一天可以学会多达9个新词语，所以如果你觉得可能会用到宝宝不认识的新词语时，把它放进只有一个关键词的短句，如“这是刺猬”或“它很大”。不过你说的句子语法一定要正确，例如，“爸爸去工作了”，而不是“爸爸工作”。

现在大人在跟宝宝说话时应做出一项重大改变：宝宝可能理解包含两个以上关键词的短句了，所以你可以跟宝宝说很多包括两个关键词的句子，例如，“你的鞋子在厨房”“泰迪熊想吃晚餐”“你的手指头黏黏的”“强尼在公园”等。

TIPS 持续对宝宝说简短的句子。

对宝宝说短句子很重要，不要忍不住连珠炮似的对宝宝吐出一大串长句。这很有可能让原本一开始语言发展良好的宝宝，因此进步趋缓。

瑞秋是一个迷人的金发小女孩，在她大约两岁时家人带着她来找我。她看起来很健康，但她的母亲深信，瑞秋一定患有某种可怕的退化疾病，因为她前两个月还能非常快速地学会新词语，但突然就停止进步了，最近几周只学会了两个新词。我听完瑞秋的母亲跟她说话的方式后，立刻明白发生了什么事。她所用的句子实在太长了："看啊，那真是一个可爱的小购物篮。如果我们把这些黏土做成很多小三明治和蛋糕水果，带去野餐刚好适合！"瑞秋的反应看起来很迷惑，有时则完全不加理会。可能是瑞秋的语言理解能力在过去几周发展非常迅速，她的母亲因此深信她什么都懂，可以像跟大人讲话一样与她对话。她母亲重新以瑞秋可理解的短句跟她讲话之后，瑞秋快速的语言进展又迅速恢复了。当她两岁半时，她对语言的理解与使用水平已达三岁宝宝的水平。

持续发出拟声词

拟声词可以协助宝宝集中注意力，享受倾听声音的过程，并给他机会听到单个的音，而不是一长串快速变化的音。宝宝现阶段的游戏很适合这类拟声词。

TIPS 宝宝可从哗啦、嘟嘟、哞哞哞等拟声词中学到很多。

- 哗啦、滴答等声音，很适合玩水的时候使用。
- 砰、隆隆、嘟嘟等声音，很适合搭配玩小汽车和小卡车。
- 咩咩、哞哞和喵喵等声音，可让有关动物玩偶的游戏更加有趣。

说话时放慢速度、提高音量且语调要有起伏

这是宝宝听起来最轻松也最能吸引他的语言形式，不但能帮助他专注地听你说话，也能帮助他记住词语的正确发音。

马库斯在将近4岁时被带到我的诊所，因为只有他母亲听得懂他说什么，而他即将入学。他显然很聪明，而且急切地想与人沟通。他对语言的理解没问题，词语与句子结构也没问题。问题出在他对词语的发音只有大致的概念，而不知道每个词语究竟该怎么发音，所以他说的话总是让人听不明白。他的母亲可能是我见过的讲话速度最快的人，她说的话没头没尾，连我都要想一下才能知道她在说什么。我请马库斯的母亲放慢说话速度，让马库斯听清楚字词的正确发音，这是儿语潜能开发中最重要的一部分。我告知他母亲适合马库斯的说话速度后，仅一小时，马库斯就能把一些语音用在正确的地方了。

大量重复

请在不同的句子与情境中使用相同的词语，这对于帮助宝宝充分理解个别词语的意思非常必要，也能帮助他多次听到该词语的发音，从而准确记住。

- 在许多不同的短语和短句中使用相同的词语，例如，“那边有只大象，大象很大，很大的大象”。
- 指出五官名称的游戏仍然很管用也很有趣。这个年龄的宝宝喜爱重复的游戏，如“泰迪熊的鼻子、泰迪熊的耳朵、泰迪熊的眼睛；莎莉的鼻子、莎莉的耳朵、莎莉的眼睛等”。
- 一些日常活动也很适合语言的大量重复，如上床睡觉的时候说“脱掉鞋子，脱掉袜子，脱掉裤子”，洗澡的时候说“洗洗手，洗洗脸，洗洗脚”。

讲出物品的名称

宝宝现在正累积他的词汇能力，需要多次听到物品名称才能记住，请尽量使用实际名称而非代名词。例如，跟宝宝说“我们把书放在桌上”要比“我们把书放在那里”更能帮到宝宝。

TIPS 告诉宝宝物品的名称。

我常被问到，这阶段对宝宝使用一些宝宝的用语，如“肚肚”或“狗狗”究竟合不合适。答案是非常肯定的。这些用语已成为儿语与儿歌中经常使用的变化形式，它们可让宝宝轻松注意到词语里的语音并说出来。例如，你可以比较一下，说“肚肚”和“胃部”哪个比较简单。“狗狗”是不是比“狼犬”简单多了？别担心，宝宝不会一直这么说，他很快就会将其转换成大人的用语。

把宝宝说的话重复说给他听

宝宝通常不能以大人的方式发音，主要是因为他们记不得哪些语音要放在哪里，他们需要反复听到这些声音，一直到能正确记住它们为止。

把宝宝说的话重复说给他听，但不要让他感觉你是在纠正他。

最重要的原则是，每次都以正面语法回应他。如果他说“蕉蕉”，你可以说：“对，这是香蕉。你要香蕉吗？”宝宝对于掺杂两个词语的短句也可能搞不清楚。对此，对他最有帮助的做法，是以自然对话的方式正确地说给他听。如果他说“汽车爸爸”，你可以说：“对，那是爸爸的汽车。”以这种方式回应，听起来就不像是他做错了事。我们曾见过许多宝宝，当他们的沟通被纠正后，会渐渐不再做任何尝试。

安娜三岁了，她的母亲急切地希望她“好好说话”。她回应安娜多数的早期用语时，都是坚定地看着她的眼睛，缓慢而刻意地重复她所说的每一个音节。我记得安娜看到玩具箱里的大象玩偶时很雀跃，她想与母亲分享这个发现，于是拿出玩偶对母亲说：“大样！”母亲不但没有肯定安娜的沟通，反而面无表情地看着她，然后非常缓慢地说：“大……象。”安娜的失望显而易见。于是她放开玩具，不再试图与母亲分享她的发现。当安娜的母亲改变对她沟通的回应方式后，她们的关系也改变了，这是我们所乐见的。

把宝宝的意思说给他听

此时的宝宝仅能以口语表达部分意思，这时，你理解他沟通的意思是非常重要的。他需要看出你能理解他所说的话，所以请务必专注于他所传达的信息，而非他的沟通方式。他可能指着天空说“咿喔——”，然后以他的面部表情与肢体语言让你知道，他对他所看见的飞机非常感兴趣。他希望能与你共享这种兴奋之情，希望你用热情的语调及面部表情来表达你也觉得这很有趣：“是啊，好大的飞机！”你对他说的话回应越多，宝宝未来的语言发展就越好。

TIPS 回应宝宝传达的信息。

给宝宝演示你说的意思

当你使用手势及做某事时，请顺便带入语言，帮助宝宝确切了解你的意思。例如，你可以一边说“我正在倒茶，把牛奶加进去了”，一边做相应的动作。

TIPS 用语言搭配动作。

请你不要这样做！

不要评论宝宝怎么说或说了什么

我不知道奥马尔和她的父母谁比较受挫，她是家人期待已久的第一个宝宝，生活在大家庭里，是家人眼中的宝贝。几乎每次她说了什么，大人都会开心地在她面前讲给其他人听，这让奥马尔感到很忸怩，于是不再讲话。她想沟通的强烈欲望，显然与她强烈的不自在感互相冲突。家人发现问题出在哪里后，只在她听不到的时候，才分享对她卓越能力的自豪感。于是，奥马尔很快又开始快乐且频繁地说话了。

避免负面语言

宝宝的探索仍可能涉及试图爬上高处、研究你昂贵的装饰品等危险行为。你必须亲自移开他，不要用连自己都不喜欢听的语言阻止他，如“停下来”“不要碰”“立刻把那个放下”等。你要让他觉得听你的声音很愉快。

不要问无意义的问题

最重要的原则就是，除非你需要知道答案，否则不要问他问题。例如，问他“那是什么”“那头牛说了什么”这些问题毫无意义。如果他已经知道答案，你这样做无法增加他的知识；如果他不知道答案，这么做只会让他觉得不愉快。

TIPS 不要问问题！

克里斯托弗的父母快急疯了。他很早就开始说话，这让全家人都很高兴，不过后来他的耳朵多次发炎，可能影响了他的听力，之后他就开始专注于看与动手，较少开口说话，因为在与哥哥姐姐共享的嘈杂环境中让他倍感压力。他父母发现他的话变少了，于是做了多数父母都会做的事——用无数的问题试图让他开口，如“这是什么颜色”“牛说了什么”“这是什么”。克里斯托弗很清楚地知道，父母明明就知道这些问题的答案，于是压力更大了。结果他的话越来越少，甚至陷入恶性循环。我们帮他打破这个恶性循环之后，他的语言发展便获得了非常惊人的快速进步。

从经验来看，让父亲做到不问问题似乎很难，很多父母就是无法忍住用提问来让宝宝开口。如果你能克制自己的欲望，宝宝反而能更快开口。也尽量请其他人不要问宝宝这类问题，如果我们以正确的方式跟宝宝说话，宝宝该说话时就会开口说话。

跟宝宝独处半小时以外的时间，你可以做什么？

- 跟宝宝大量说话！告诉他发生了什么事。
- 让宝宝跟你一起做很多不同的事，如拜访朋友，去公园或商店。
- 在宝宝洗澡的时候进行名称游戏，为他穿衣服的时候也一样。
- 尽量用每天这半小时中说话的方式与宝宝说话。

阶段 ❼

20 ~ 24 个月

宝宝开始成为能和你真正对话的人

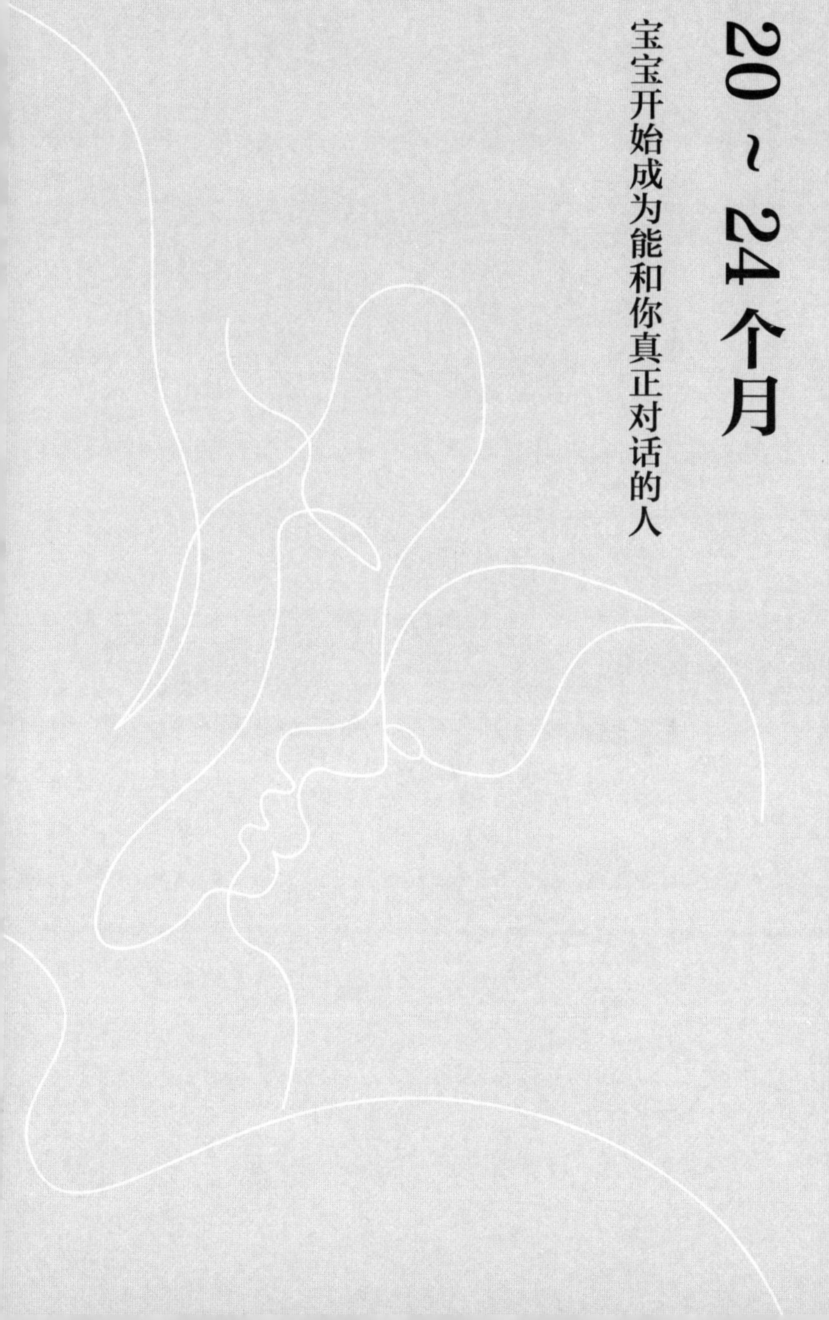

20～24个月的宝宝

这个阶段的宝宝，大多数时间都很配合你，也非常享受新学到的技能，例如，他会积极地自己穿衣和脱衣，在不需要太多协助的情况下自己洗手。他终于可以用勺子吃饭了，且不再搞得太脏乱。如果你在忙，他可以自己玩个半小时左右，这对你而言真是一大解脱。他也喜欢帮你跑腿，比如去拿东西或收拾物品。不过宝宝离真正的独立还很远，如果你离开他，他会变得很不安。他可能在睡觉时突然想吃东西或喝水，借此推迟跟你分开的时间。当宝宝感觉很累或不舒服时，刚建立起来的独立性可能会瞬间消失。

宝宝仍喜爱外出，且非常乐于与你牵手，但请小心他突然乱跑。他日益增强的自我意识，会开始跟你进行对抗。他可能会拒绝食物，或拒绝穿某件特定衣物，而且可能会坚持很长一段时间，你需要用一些方法才能化解僵局。

宝宝的第20～22个月

语言发展

许多宝宝在这个阶段对语言的理解及运用可谓突飞猛进，不过这个年龄段的宝宝的语言能力仍存在极大的差异。宝宝的对话技能已较成熟，而且可以跟大人一样轮流发言，担任维持对话的重要角色。这时，大人跟他对话愉快极了。

宝宝对于日常例行活动顺序的认知在持续增加，这会连带促进他对语言的理解。过去他对这些事件的理解仅有大致轮廓，现在则比过去知道更多细节。例如，他现在知道并预测，自己在一天当中的什么时间点会穿上衣服，以及穿上衣服的顺序。他可能去了超市之后了解到金钱交易，以及打包与卸下商品等与购物相关的事件，这种知识能协助他轻易联结新词语与其意思。例如，宝宝在已知的情境里，很容易理解新衣物的名称或“钱”的意思。同样，他知道肥皂的用处、肥皂滑溜的特性及其容易消失在洗澡水里，就能轻易理解“肥皂粉”的意思。

宝宝现阶段更能理解语言的使用方式，例如，他知道适合打招呼的情况，也知道有人要求他表达清楚意思的状况。他现在对于其他人知道了什么事也有一定的了解，这对于他发起并维持对话是非常重要的信息。例如，他知道当他称呼哥哥的名字时，家里的每个人都知道他说的是谁，但是刚认识的人就不知道，需要被告知才能知道。

宝宝现在每天都能认识好几个新词语。当他22个月大时，可能已经认识与他相关的家中所有物品的名称。他现在对含有两个词的短句也能快速理解，例如，他会敏捷地回应这类指令："把你的帽子从衣橱拿出来。"甚至能听懂三个简单的短指令组合，如"打开衣橱，拿出球，给爸爸"。宝宝也能理解以位置来指称的物品，如"锅旁的那个东西"，以及代名词所指称的物品，如"把它给我"。

宝宝每天理解的新词语可达数个之多，但能说出的词语实在赶不上这个速度。这个时期一开始时，他可能理解多达200个词语，但仅能运用10 ~ 50个。对于词语理解程度高的宝宝，此时可能已开始组织词语，并模仿说出含有两个词语的句子。

多数宝宝每周都能说出新的词语。宝宝现在学会的词语类型较为不同，包括较多动词，以及一些形容词，如"胖"和"瘦"，这可以让宝宝说出类型更广泛的双词语短句。有趣的是，宝宝运用这些早期句子的方式相当一致，多数为名称结合动词，例如，"妈妈来""爸爸再见"。宝宝有时会特别强调重要的词语，以确定别人能听懂他的意思。

宝宝会在此时期首度开始尝试告诉其他人，自己看到了什么或遇到了什么有趣的事，但他目前仍没有充足的词语实现完全以口语表达，通常需要搭配手势，再加上咿呀声来填补词语间的空白。有时，父母要听懂宝宝的意思的确费力，尤其是当宝宝兴高采烈地说话时。

宝宝也开始使用问句及否定句，常把否定词放在句子的最前面，例如，宝宝说"不喝"，表示"我不要喝东西"。另一个重大进展是，宝宝现在知道词语可以用以代替整个类别的事物，如动物或衣物，并以这种方式加以运用。虽然宝宝现在的词汇量增加了许多，但咿呀学语并未完全消失。当宝宝不能完整说出他想说的话时，可能会用咿呀声作为真实词语间的补充。

整体发展

宝宝对身体持续增加的控制力，意味着他能更专注于自己所做与所学的事情。他现在不是去想如何拿到某特定物品，而是想拿到之后要如何操作。

以行动力来说，他现在可以流畅地跑步，甚至可以倒退着走路；他可以蹲下，可以往前倾而不失去平衡；他可以丢球而不会跌倒，或是应要求踢球；他可以握住扶手上楼，或骑乘玩具，用双脚行进。

宝宝的手部灵活度与手眼协调也在快速发展，使他能如愿探索事物。他现在能彻底享受这些新学会的能力，用大拇指和两根手指头握住铅笔涂写，并首度能有技巧地单页翻书。宝宝的视力现在跟大人一样好，他可以把鞋带穿过较大的洞。宝宝的数字观念这时才开始发展，他对"一个"和"许多"的差异有了模糊的了解。

宝宝现在很喜欢大人示范给他看怎么玩玩具，他会拉着大人去看他的玩具，并模仿大人玩玩具的动作，例如，当大人示范怎么做之后，他也会拉着小火车走，或把形状积木放入三个洞的形状板，而且能叠起7块积木。

宝宝开始尝试小小的角色扮演，他可能假装是妈妈在写信或爸爸去购物等。宝宝此时还没有跟其他宝宝一起玩的概念，但他会开心地在他们旁边玩。他完全没有分享的概念，如果另一个宝宝拿了他的玩具，他会强烈抗议。

注意力

宝宝常专注于自己正在做的事或看的东西。这种注意力仍为单一层面的，即宝宝完全专注于自己的注意焦点，心无旁骛。他现在几乎总是能专注倾听以搞笑语言讲述的趣事，这让他感到其乐无穷。当你把宝宝的运动衫拉到他头上的同时，给他唱《强尼躲哪儿去了》，将愉快地吸引他的注意力；你若只是说“来吧，穿好衣服出门吧”，则不会有相同的效果。大人可能对此感到困惑。宝宝之所以对第一个活动感兴趣，是因为他正在想、正在做和正感兴趣的是同一件事，穿衣出门则不具备这种三合一的功效。

听力

宝宝现在可能已有选择性倾听的能力，不过仍容易分心，只有当他正在听的声音与背景音有较大差异时，才能专心——“他想听的声音”这个选择性倾听的能力，仍仅限于他自己选择的注意焦点，而非他人的注意焦点。

宝宝现在已建立起对多数日常声音的理解，如吸尘器等与日常家务活动相关的声音，以及日常生活中周围人的声音。

宝宝的第22～24个月

语言发展

宝宝约从第20个月开始，交流的频率更频繁，交流的内容更广泛。他会用语言表达感觉，而不只是用哭泣或显露出烦躁不安的方式表示。例如，他可能会坚定地说："强尼生气。"也开始叫唤某人的名字来发起对话，例如，叫"妈妈"来吸引母亲的注意力。更重要的是，他现在开始试着以熟练的咿呀声混合话语、手势与表演来告诉别人他的经验。他的话语中也首度出现问句，如"爸爸哪里"。

宝宝对于日常活动的意义与过程等"世界如何运作"的理解，有助于他理解越来越多从周围听到的语言。例如，当宝宝与妈妈外出购物时，宝宝可能会预测从食物放入购物推车到出现在餐桌上这整个事件的过程，因此，他推论出"这些西红柿可以搭配你早餐时吃的鸡蛋"这个句子中的"西红柿"是什么意思应该不难。另一个协助他联结词语与其意思的因素是他开始归类词语，如身体部位或衣物。宝宝另一项有趣的小进展是他能辨识的玩具、人与动物名称更多了，这表明他真的理解词语不仅能代表物品，还能代表该物品所代表的其他事物。

宝宝对于语言使用方式的理解，如什么时候适合打招呼或给予信息，加上他现在对于对话规则的丰富知识，也有助于他弄清楚新词语的意义。例如，宝宝在常听见“再见”的情境中听到“回头见”，便可轻松推敲出这个新词是“再见”的另一种说法。

宝宝满两岁时，通常就能理解相当长而复杂的句子，以及这些句子背后的意思与原因。他会了解“妈妈回家时，我们就玩躲猫猫”这类句子（而且时间到了真的会记得），以及爸爸说“我把窗户关上，雨才进不来”背后的原因。

宝宝两岁时，已能使用200个甚至更多的词语，他还会用许多不同类型的词语：更多动词（如“游泳”或“玩”）、形容词（如“大”与“小”）、副词（如“快快地”与“慢慢地”），以及一些代名词，虽然在这个阶段他对这些代名词的用法仍常混淆。词语的多样性，可以协助宝宝组成更多含有两个词语的短语与短句，如“乔伊滑”“快快走”“妈妈跳”等。宝宝现在正在形成文法概念，通常以名字称呼自己，以确保不会造成混淆，如“强尼饼干”。

宝宝开始运用“不”“不要”等否定词，他首度将否定词延伸运用到否认某事上。例如，他可能告诉你“没有丢”，代表“我没有丢那个盘子”。他也开始延伸自己的问题，如询问“爸爸去哪里”。

宝宝有时候会模仿三个词语组成的句子，有的宝宝甚至会自己组成三个词语的句子，如“强尼想喝”。他现在不仅会用词语，还开始运用语法了。这些短语和短句在这个阶段常缺字，但通常足以清楚传达他的意思。宝宝在这个阶段的另一个小小的里程碑是，如果有人教他，他可以说出自己的姓名。

宝宝的“学语转移过程”——非母语的语音在口语中慢慢消失——现在已经完成，不过宝宝的发音跟大人仍有相当大的差异。宝宝仍持续以较简单的发音来取代较难的发音，如以“t”代替“k”。有趣的是，如果你跟宝宝一样发音错误，宝宝会用怪异的表情看你，甚至以他的发音试图纠正你。

宝宝现在会想尽办法让大人加入对话，如果没有得到回应，会坚持这么做。忙碌的大人可能会发现自己常被宝宝拉扯，并听他坚持重复发出一些声音。宝宝会急切地修补沟通破裂，想尽方法替代自己不会说的词语，必要时搭配手势，来让别人理解自己的意思。

整体发展

伟大的儿科医师格赛尔曾说过一句关于两岁幼儿的名言：“他用肌肉思考。”他谈及这个阶段动作与心智活动互相依赖的关系时，描述两岁的宝宝“边活动边说话，边说话边活动”。

宝宝的操作技能也在快速发展，可以抓握、捡起细小的物品，如针线，也可以用三块积木搭火车，以及一页一页地翻书。宝宝手眼协调能力的提高让他可以把形状积木放入形状板，不仅是面向他时，转个角度也可以。

就日常生活技能而言，这个阶段的宝宝已变得稍微独立。两岁时已可自己脱掉多数衣物，在大人几乎不帮忙的情况下能自己洗手，并能自己用勺子吃饭，而不会把勺子弄翻。

正如格赛尔所说，宝宝两岁时的情感生活已有相当的深度与复杂度，也能对其他人的感受表现出相当的敏锐度。他喜欢事物维持原样，毕竟他刚刚学会预测生活模式。这时，宝宝对于变化的需求是逐步且温和的。

注意力

宝宝的注意力发展跟过去两个月差别不大，你可能会奇怪为什么吸引他的注意这么困难，他怎么能如此一心一意地专注于自己想做的事。不要担心，宝宝很快会进入下一个阶段，届时他就能在你的协助下转移注意焦点，并遵从你的指令。在宝宝还没做好准备前，请克制自己，不要这么做，让宝宝以自己的速度经历这个阶段，他的注意力将会发展得更快也更好。

听力

宝宝现在处于多数听见的声音对他都有意义的世界，他现在可以轻易找到声音来源，倾听是他生活中的一大喜悦。他不仅喜欢别人跟他说话、对他唱歌，还越来越能从声音玩具中得到乐趣。请注意，如果背景音干扰过大，他会觉得倾听很困难。

这样和宝宝玩游戏

探索型游戏

宝宝现在非常热爱研究，对于理解世界的热情无穷无尽。他喜爱探索不同材料，并在探索的过程中学到许多关于这些材料的知识。玩水仍是令他愉快的活动，他喜欢把水从某容器倒至另一个容器，并研究哪些东西能浮起来、哪些会沉下去。正如我们之前所说的，这个游戏对于建立快慢、远近、第一与最后等概念是绝佳的方式，语言也很容易与这些概念联结。没有这些经验或经验非常有限，将不利于宝宝往后的发展。

> 4岁的小女孩梅利莎最近被带到我的诊所，因为她未能如愿进入父母选择的学校。这个学校对于年龄这么小的宝宝已有筛选测验。我发现梅利莎的母亲过度讲究家里整洁，因此极度限制梅利莎所能进行的游戏类型。她不许梅利莎玩水、玩沙子、玩黏土或彩泥，当然也不许她玩蜡笔或水彩，剪刀也被禁止。梅利莎甚至不能把游戏器材如积木等摆满地板，或者以任何方式移动家具。因为种种限

制，梅利莎虽然备受疼爱，得到了良好照料，但十分欠缺经验，她对概念以及对语言的理解与运用，都低于她这个年龄的孩子的正常水平。梅利莎接受儿语潜能开发6个月后，语言技能已赶上她这个年龄孩子的正常水平。我仍觉得很难过，如果梅利莎之前有过广泛的体验，她的水平绝不只是这样。

这个阶段的宝宝仍非常喜欢黏土和彩泥，宝宝接近两岁时已能开始简易的操作，会以切割器与滚筒来敲击黏土。宝宝现在仍喜欢涂鸦，会用粗蜡笔或铅笔，较长时间且力道较重地在纸上涂写。沙子现在也很受宝宝喜爱，他不像从前那样只会坐在沙子里，还喜欢把沙子倒进玩具卡车或推车。

丢掷的游戏也很适合跟宝宝轮流玩——现在通常是数人轮流。宝宝操控能力的增强与更长的专注时间，使他现在能享受需要更费心思且更细致的手部控制游戏。他现在喜欢试着把较大的串珠用绳子穿起来，也喜欢玩七巧板，而非只是简单的置入式拼图。他喜欢可组装的玩具，尤其是层层套接的玩具，如俄罗斯套娃或叠叠杯等。

宝宝持续对配对与分类有极大兴趣，他喜欢较大的扑克牌、串珠或颜色配对游戏。宝宝现在也开始对建筑玩具展露兴趣——只要这些玩具够大且容易组装，他虽然还不会搭建任何东西，但对于操作这些器材的乐趣，以及探索如何组装，对他未来搭建东西很有帮助。

宝宝现在对于因果的想法细致了许多。他喜欢弹出式玩具——

他的动作会引发这类玩具非常戏剧化的反应。

互动型游戏与假想游戏

这个年龄的宝宝最喜欢的游戏是“帮助”大人进行日常活动，然后在游戏中再次重现这些活动，以试图找出它们的意义。宝宝会先专注地盯着你，然后在稍后的游戏中模仿这个活动，表现出他记得你当时做了什么。这通常仍是单一动作，如把马铃薯放入平底锅。宝宝也会跟自己的泰迪熊或娃娃重演许多活动。他非常喜欢大人加入游戏。

宝宝对于“世界如何运作”所增长的知识，展现在他对物品与材料的运用上。他现在会正确地摆放娃娃的枕头与被子，也会把刀叉、盘子摆放在桌上。他喜欢能代表大人所用器具的玩具，如玩具熨斗与烫衣板。

宝宝也喜欢玩人偶、物品与动物模型，如农场或动物园与动物的组合玩具，车库和车的组合玩具，或简单的娃娃屋等，这些都能给宝宝带来许多乐趣。随着宝宝玩这类玩具的复杂度逐渐增加，在未来很长一段时间，这类玩具对宝宝都很有益处。

大人此时在宝宝的游戏中扮演着非常重要的角色。对于操作型与探索型游戏，宝宝喜欢大人示范怎么玩玩具，也希望大人放手让他自己尝试大人的动作。例如，宝宝学会玩串珠后，大人可以教他如何以交替的颜色穿出新花样。宝宝觉得轮流非常有趣，是游戏中很愉快的部分，例如，假装喂泰迪熊或娃娃的游戏，或轮流扮演店主与顾客的游戏。在这种假想游戏中，大人能提供有用的建议，如让宝宝看家具放在娃娃屋的哪个位置，或者协助他安排购物游戏的材料。

儿歌仍非常受宝宝喜爱，宝宝喜欢加入动作的儿歌，如《划啊划，划小船》等。他尤其喜欢歌词与他所知道的人或物相关，或曲调熟悉的儿歌。

正如前一时期一样，宝宝有时喜欢自己玩，但他通常希望父母在附近，如果父亲或母亲离开，他可能会哭。同样，大人需要相当的敏锐度来判断宝宝何时需要父母参与及参与多长时间，宝宝什么时候想要自己探索与进行活动。目前，宝宝跟其他宝宝还不会真正玩在一起，两个幼儿有可能在旁边玩假想游戏，但唯一的互动却是偶尔抢走对方的玩具。

电视与影片

之前的三项规则仍然适用于此时的宝宝：

- 宝宝每天看电视的时间控制在半小时内。
- 跟宝宝一起看电视，把看电视变成互动体验，你可以帮他把节目内容跟他的生活经验进行联结。
- 请确认宝宝所看的内容跟他即将生活的场景有所关联，而不是那些不会真实发生的事件。宝宝对生活有限的经验，使他尚未准备好面对这些。

宝宝现在可以听懂简单的小故事，因此融入宝宝熟悉的情境的电视节目就很吸引他。有重复元素的电视节目跟有重复元素的图书一样吸引宝宝。因为宝宝很喜欢相同的角色做相似的事，说相似的话。

宝宝玩具箱

以下玩具与游戏器材可以增添宝宝玩具箱的丰富度。这些玩具同样可分为探索型或想象型游戏玩具，但跟以前一样，宝宝玩这些玩具的方式，可能是你从来没想过的。

探索型游戏用具：

- 用来玩水的容器，如挤压瓶与不同形状的容器
- 玩黏土用的滚轴或切割器
- 可以在沙子里玩的卡车或推车玩具
- 大珠子与绳子
- 俄罗斯套娃或叠叠杯
- 较大的扑克牌
- 色彩配对游戏材料
- 大型拼装积木
- 新的声音玩具，如更多乐器或能发出有趣声音的填充容器
- 弹出式玩具

互动型游戏与假想游戏用具：

- 购物袋
- 玩具熨斗与玩具烫衣板
- 清洗用的碗与刷子
- 动物园与动物组合玩具
- 农场与动物组合玩具
- 车库与车组合玩具
- 娃娃屋与家具

宝宝小书架

跟宝宝进行每日共读这项例行活动是很重要的一件事。阅读可以是你每日游戏时间或睡前的一部分，也可以在任何你方便的时间进行。

亲子共读的重要性从这个时期开始不容小觑。学龄前的亲子共读，在很大程度上能决定宝宝日后的阅读能力。但是，过早地教宝宝阅读却不能提高其阅读能力，甚至适得其反。只有让亲子共读成为互动的一部分，纯粹地享受读书的乐趣，才有助于提高宝宝的阅读能力。

相关研究发现，一些宝宝口语能力极佳，阅读能力却仅达平均值，可能是他们上学前极少有机会跟大人共读的缘故。有些宝宝甚至不会翻书，不知道文字是从左至右排列，也不知道故事是一页一页继续下去的。

就内容而言，宝宝仍然喜欢可以配合发出许多拟声词的书，如能发出动物叫声与交通工具的声音的书。这些声音能协助宝宝很早就了解声音可通过书来表达，这是很重要的认知，未来将有助于宝宝联结声音与文字。拟声词极有助于宝宝意识到词语中的个别语音，这是宝宝日后阅读必需的能力。韵文书也很适合宝宝阅读，押韵能力是阅读非常重要的基础。事实上，押韵能力差也是阅读能力不佳的表现。

宝宝对语言日益增强的理解，与更长的注意力时间，让他现在可以享受简单的故事。反映现实仍是此时挑选故事非常重要的考虑因素。宝宝还没做好听奇幻故事的准备，他仍在建立并巩固关于世界的知识，这些知识很容易混淆。现阶段最适合的故事仍是与宝宝生活经验相关的，我们知道这种故事极有利于宝宝联结词语与其意思。这些可预测的活动模式与过程，有助于强化宝宝“世界如何运作”的知识，当他了解事件的基本过程后，要联结该过程中的新词语与其意思就容易多了。一个有趣的现象显示，宝宝在描述自己非常熟悉的事情时，语言表达会更加准确。

宝宝仍旧非常喜爱重复听故事。此外，父母根据宝宝的照片编写有关他的故事也非常受宝宝喜爱，宝宝会很喜欢把照片和家中的真实物品进行比对。

宝宝发展正常的指标

宝宝两岁时的正常表现：

- 了解相当长而复杂的句子；
- 能运用大约50个词语；
- 能联结两个词语，偶尔三个词语；
- 能运用“你”和“他”等代词，但有时会出错。

妈妈要注意的异常行为

宝宝满两岁时，如果有以下情形，请寻求专业帮助：

- 似乎听不懂许多日常物品的名称，如家具或餐具的名称；
- 从未把两个词语连在一起说出来；
- 不能将注意力集中在自己所选的物品或活动上；
- 不愿意参与你正在做的事；
- 从来不玩假想游戏。

儿语潜能开发这样做

希望你和宝宝此时已非常享受你们的游戏时间，只有在不得已的紧急情况下，才偶尔取消游戏。这段时间将持续给宝宝带来大量情感上的安全感及终身的信心，也能为他提供最好的语言学习环境。随着这时期宝宝的游戏技能逐渐提高，你可以持续肯定并赞美他能做到的事，以此增加他的信心，并温和地协助他进行较困难的任务，这样他才不会感到受挫。

尚恩约20个月时，他爸爸带他来到我的诊所，因为他还不会说一个字。不知何故，他的父亲认为不需要跟这个年龄的宝宝说太多话，应该让他自己弄清楚状况。当尚恩跟爸爸一起玩的时候，他发现一个玩具的螺丝太紧了，他的小手无法拧开，试了又试还是不成功。几分钟后，他愤怒而挫败地哭起来。我忍不住干预，在我轻轻旋开螺丝的那一刻，他露出了笑容，并且从中学到许多。

我还记得一个名叫安东尼娅的小女孩，她的母亲无法忍受她受挫，因此在安东尼娅发现问题前，就把它们全数解决，然后谈论的始终都是自己的事。我清楚地记得，安东尼娅当时在玩一个置入式的拼图玩具，只要她拿起一块拼图，她的母亲就立刻指给她要放哪里。这几乎跟尚恩的父亲完全不插手一样让宝宝受挫。

当这两位父母学会与孩子互动的方法后，对宝宝的游戏活动给予了适当协助，两个宝宝都有了显著进步。

一对一游戏时间，环境一定要安静

请注意，不要让噪声干扰你们的游戏，请确认环境中没有显著的噪声，宝宝现在仍然很需要这些轻松有趣的倾听时间。

TIPS 保证室内安静。

准备一些玩具，让宝宝在玩探索游戏与假想游戏的时候有足够的素材。把这些玩具放在固定的地方，好让宝宝可以轻易找到他想要的东西。请确认这些玩具都是完好的，这个年龄的宝宝完全无法忍受声音玩具不能发声，或者拼图玩具缺少拼图块。

TIPS 请确认所有玩具都是完好的。

摆放玩具时请在地板上给宝宝留下一些空间，让他可以自由地玩。到处都是玩具和图片的地板或墙面虽然很吸引人，但却可能过度刺激宝宝，让他难以保持专注。

如何跟宝宝说话

共享相同的注意焦点

在此阶段，你需要继续与宝宝共享注意焦点。由于前期经验的积累，你们应该很容易形成共同关注的焦点。

宝宝现在会用说话的方式，让你知道他感兴趣的东西是什么，让你不再需要像早期一样全凭猜测。例如，当他指着猫露出笑容，并说“猫猫”时，他对什么感兴趣显而易见。如果你并未弄清楚他心中的想法，例如，他说“泰迪熊喝”，你就递一杯水给泰迪熊喝，但他其实希望你递给他泰迪熊的杯子时，他会马上夸张地比手画脚来表达他真正的意思。

或许这个时期最重要的变化，是随着宝宝对世界的认知与对语言的掌控能力极速提升，他现在心中所想不一定总是“此时此刻的事”，他开始喜欢试图告诉你曾经发生的事，而且一次又一次地说。我女儿在21个月大的时候，非常醉心于她的首次动物园之旅，因此碰到每个人都会说：“长颈鹿妈妈……长颈鹿宝宝……小鸟你好。”

你现在可以在他说过的话的基础上稍加扩充，并补充一些信息来帮助他记起更多发生的事。如果他描述自己在公园看到一些宝宝在玩：“强尼打球，全都倒。”这时你可以说：“对，强尼打球，然后跌倒了。妈妈把他扶了起来。我们都回家喝茶了。”

有时候宝宝的心思会放在即将发生的事情上。例如，他可能说：“汤姆去公园。看兔兔。”你同样可以加以扩展，提醒他可能在公园看见的其他事物，如花朵、秋千与滑梯。这类对话现在能让宝宝学习较复杂的语法形式，也能让宝宝理解更加复杂的指令，例如，“如果下雨，我们就不能去公园了”。

在这个阶段，恰当地使用问句可以帮助他思考并记住事情。例如，“我在想我们今天到公园会看到什么”。这可能唤起宝宝许多从前去公园的回忆。如果宝宝没有回答，请你务必回答自己的问题。

你们现在也开始谈论与情感和感受相关的抽象话题，如“玛丽拿了球。强尼生气了”。

随着你们的共同经历和对话日益增加，宝宝将跟我们所有人一样，知道自己的对话伙伴应该知道什么事情。例如，他知道他和妈妈曾被弹簧玩偶逗得很开心，因此他可以安全地假设自己提到“弹出来”会让妈妈发笑。但是如果对另一个没有玩过这个游戏的人说“弹出来”，就需要对他做更多解释。大人越能跟随宝宝的注意焦点，宝宝就越能正确了解其他人的情况，知道他们在想什么，这对于宝宝提升对话能力非常重要。由此可知，每日的游戏时间对于这项能力的培养有多重要。我在诊所见过许多宝宝，他们一点儿都不了解别人在想什么，因此跟他们对话非常困难。

莎拉和我第一次见面时，一进房间就说：“它越大越大越大，破掉！”我花了很长时间才弄清楚，原来她之前在跟其他宝宝吹气球，气球被吹破了。她没有意识到，我当时并不在场，所以我不知道她说的是气球。

你应该能够知道宝宝什么时候又将对话情景转移到现在，这时不管你多么享受之前的那段对话，都不要试图让之前那段对话继续下去。

这个阶段，宝宝的注意力仍会从某物快速移到另一物，要让宝宝明白这种转换是可以的，你跟从前一样谈论他的兴趣焦点即可。

宝宝现在很多时候可能还是较长时间地专注于他感兴趣的物品或活动，你可以针对接近他想法的事进行“现场解说”：“好大的汽车！它正在爬坡，终于爬上去了……然后下来了。”你配合他的注意焦点发言，能让他倾听，也是帮他学习语言的最佳方式。

避免指挥宝宝做事仍非常重要。宝宝现在可以听懂植入游戏的指令语。如在给他穿衣服时，父母用“你的手手在哪里”的游戏指令语，他就会听从。这仅限于生活场景。在游戏时，“现场解说”仍是让宝宝感觉最轻松也最享受的沟通方式。让宝宝与你共享经验的方式是，增加他正在做的事的乐趣，而不是干预他的活动。（当然，如果宝宝对涂写很感兴趣，告诉他“把蜡笔从架子上拿下来”并没有错。这仍算是跟随宝宝的兴趣点。）

TIPS 不要指挥宝宝。

不要在这个阶段试图转移宝宝的注意焦点，他即将达到能应大人要求做某件事的阶段，所以最好等他自己达到这个阶段。此时转移宝宝的注意焦点，很容易阻碍他的注意力发展。如果他专注于某事，而你试图转变他的注意焦点，很可能使他在一个注意焦点与另一个注意焦点间快速转换，造成注意力分散。如果这种状况经常发生，就会让宝宝的注意力非常分散，难以集中。

> 我在诊所里见过许多宝宝，有的已经七八岁，但注意力却稍纵即逝，他们可以在半小时内翻好几个玩具箱中的玩具，却一无所获。我最近见过一个托儿所的小女孩达娜。她的看护者注意到，达娜有时听从大人的指令，有时却无法听从指令，这让看护者很无奈。当我走进房间时，看护者正扶着达娜的头，要她专注于某个算数任务。可是，只要她扶着达娜的头，达娜的眼睛就会立刻转向别的方向。我不知道她们两个究竟谁更受挫。

跟随宝宝兴趣焦点的同时，请顺便加入大量的新词语。宝宝会以极快的速度吸收这些新词语。你可以使用各种类型的词语，不用担心词语太长或太复杂，只要你把它们用在正确的情境中，宝宝就会觉得很有趣。

TIPS　使用大量的新词语。

帮助宝宝继续享受倾听的乐趣

安静的环境仍是最重要的条件，但创造条件让宝宝觉得倾听很轻松、愉快并充满乐趣也很重要。你可为宝宝的玩具箱增加一两个新的声音玩具，并鼓励宝宝玩这些玩具。此外，为宝宝选购一些可搭配不同声音的图书，让宝宝倾听书中角色在行动时发出的声音也会很有趣，如玩水时“哗啦哗啦”的声音，以及压扁黏土或彩泥时发出的声音等。

TIPS 让宝宝听到新的声音，感受倾听的快乐。

游戏时持续使用短句

宝宝在这个年龄段结束前，已能听懂你说的大部分的话，因此你会自然而然开始用相当长的句子跟他说话。但在游戏时间内，仍需要限制句子的长度。

请尽量说包含不超过三个关键词的句子，如“强尼待会儿要去公园”。在这个阶段，如果你用的句子比这句要长很多，宝宝要花更长的时间才能听清楚每个词语的发音，也很可能没注意到句子中所有的词语，因为他正忙于理解它们的意思。

TIPS 游戏时使用的句子，关键词最好不要超过三个。

跟宝宝说话时要比跟大人说话稍微缓慢并响亮一点，语调要有高低起伏。这种说话方式最能吸引宝宝的注意力，也最能让他听见并注意每个词语的发音。句子之间必须停顿，让宝宝有时间消化你说的话。请持续使用物品的名称而非代词。或许你会觉得宝宝已经认识这些物品，但如果宝宝不像你所想象的记得那么清楚，这么做可以帮他很大的忙。

TIPS 说话时放慢速度、提高音量并让语调丰富一些。

稍微扩展宝宝所说的话

在这个阶段，对宝宝最有帮助的做法是，把宝宝说过的话再重复一次，但要稍加扩展。例如，如果他说“妈妈去”，你可以回答：“对，妈妈要去上班了。”如果他说“想喝”，你可以说：“你想喝水吗？这里有水。”如果他说“泰迪熊倒”，你可以说“对，泰迪熊倒下了。”如果他说“爸爸去商店”，你可以说：“对，爸爸去商店买东西了。”

这种方法不仅能给宝宝提供语法结构的信息，也能维持你和宝宝的共同注意焦点。（千万不要让宝宝感觉你在纠正他，记得首要原则是永远以“对”来开始你的句子。）

TIPS 扩展宝宝说的话，但别让他感觉你是在纠正他。

如果宝宝说某词语的方式让人难以理解，你可把这些词语分别放在几个短句中，让宝宝更清楚地听到这些词语的发音。我的宝宝在这个阶段把“饼干”说成“干”，如果大家都听不懂他的意思，他还会因此生气。我刻意对他说了很多包括这个词的短句，如“好吃的饼干”“配茶的饼干”“我喜欢饼干”等。宝宝不久就注意到这个词语的正确发音。再次强调，你要非常谨慎，千万不要让宝宝感觉你是在纠正他。

演示给宝宝看你是什么意思

运用手势仍能让宝宝明确知道你指的是什么，尤其是当你觉得可能会用到新词语时。这么做也有助于让他了解你确切的意思，例如，在给他看什么叫玩具“不停地转”时，你可以拿一个玩具让它转起来。当说“我们打开抽屉，把铅笔放进去”时，做出相应的动作。

TIPS 说话的同时搭配手势。

配合发生的事发出拟声词

拟声词可以让宝宝听到不同的语音，例如，扫地时的唰唰声，或是水流的哗哗声。这些声音也可以让宝宝感觉听声音非常有趣。在这个阶段，配合书上合适的图片发出这些声音，对宝宝以后将听到的声音化为文字表达很有帮助。

TIPS 根据书里的图片发出相应的拟声词。

不断对宝宝大量重复地说话

宝宝需要听相同的词语许多次，才能准确记住这些词语的语音，并正确说出这些词语。所以，继续对宝宝大量重复地说话吧。

马克生了一次历时很久且很严重的病，因此错失了许多玩游戏和学习语言的机会。我到学校去看马克，老师告诉我，他和马克曾有过以下对话。

马克：我想见G老师（另一名老师）。

老师：G老师很忙。

马克：我想见B老师（另一名老师）。

老师：B老师很忙。

马克：我想见很忙。

马克显然没有在其他情境中听到“很忙”这个词，因此不知道它的意思，甚至不知道它是哪种类型的词语，所以他把“很忙”当作名称使用。只有在许多情境中反复听到这个词，如“马克忙着玩积木”“爸爸忙着做饭”“妈妈忙着写东西”等，他才能理解这个词的意思。

宝宝在越多不同的情境中听到某一个词语，就越能快速且完整地理解它的意思。例如，有些宝宝可能只在自己家养的小狗出现时，听到过“狗”这个词语，相较于曾在其他情境中听过这个词语的宝宝，前者要花更多时间才能理解这个词，而且还可能会用“狗”这个词称呼许多相似的四脚动物。在不同的语境中使用同一个词，还有助于宝宝形成类别概念。不同的句子，如“狗狗在吃东西”“他在追那只狗狗”“狗狗太热了”“狗狗很友善”等，将有助于宝宝清楚理解“狗”是一种什么动物。相反，如果孩子只在有限的语境中听过一个词，那么他完全无法准确理解其意思。

TIPS 对宝宝使用新词语时，重复是非常重要的。

在这个阶段使用新词语时，重复尤其重要。大量重复不仅有趣，也能快速增加宝宝的词汇量。用这些词语造的句子越多，宝宝就能越快、越充分地理解这些词语的意思。例如，你可以说：“泰迪熊想喝可可。泰迪熊的可乐。这是给泰迪熊的可乐。”

把宝宝的意思说给他听

很多时候你明确知道宝宝是什么意思，但宝宝还没有用口语充分表达的能力，他仍会在说话的时候使用大量的手势和咿咿呀呀的声音。把宝宝的意思说给他听对提升他的表达能力有很大帮助。例如，宝宝可能往窗外看时，兴奋地挥舞手臂，并说：“小鸟，小鸟，小鸟！”此时你可以说：“对，有很多小鸟，小鸟都在飞，小鸟在一起飞。”

请你不要这样做！

绝不要要求宝宝学你说话或者模仿你发出的声音。我们只负责语言输入，让宝宝负责自己的语言输出。如果宝宝发音错误、句式结构混乱或遗漏了某些音节，他只需要多听几遍该词语或句子。让宝宝知道自己没有把某词说对对他毫无帮助。

永远不要评论宝宝说得如何或说了什么话，宝宝很清楚，这并不是正常的沟通方式，他只会因此感到尴尬。不管他用何种方式沟通，你只要回应他沟通的事就好。

TIPS 不要让宝宝感到尴尬。

如何问宝宝问题

在跟宝宝谈论发生过或即将发生的事情时，适时反问宝宝，或许可以帮助宝宝更容易记起某事。我们希望宝宝能专注倾听你所说的话，而不是试着去想问题的答案。一次对话最多只问几个问题，如果宝宝没有回答的意愿，请你务必自己回答这些问题。

TIPS 不要问你已经知道答案的问题。

坚决避免通过提问来“测试”宝宝。如果你不确定是否要问问题，可以想想自己是否知道答案。如果你知道答案，就不要再问宝宝了。宝宝知道这不是正常的对话，而且如果他不知道答案，其实也只是徒增他的压力而已。

跟宝宝独处半小时以外的时间，你可以做什么?

- 让宝宝保持有规律的日常生活。
- 多和宝宝讲他每天的生活和经历。
- 每天和宝宝一起阅读。
- 在跟宝宝讲述正发生什么事时，尽量让宝宝参与对话。

阶段 8

2～2岁半

永远先肯定孩子说的话，再复述给他听

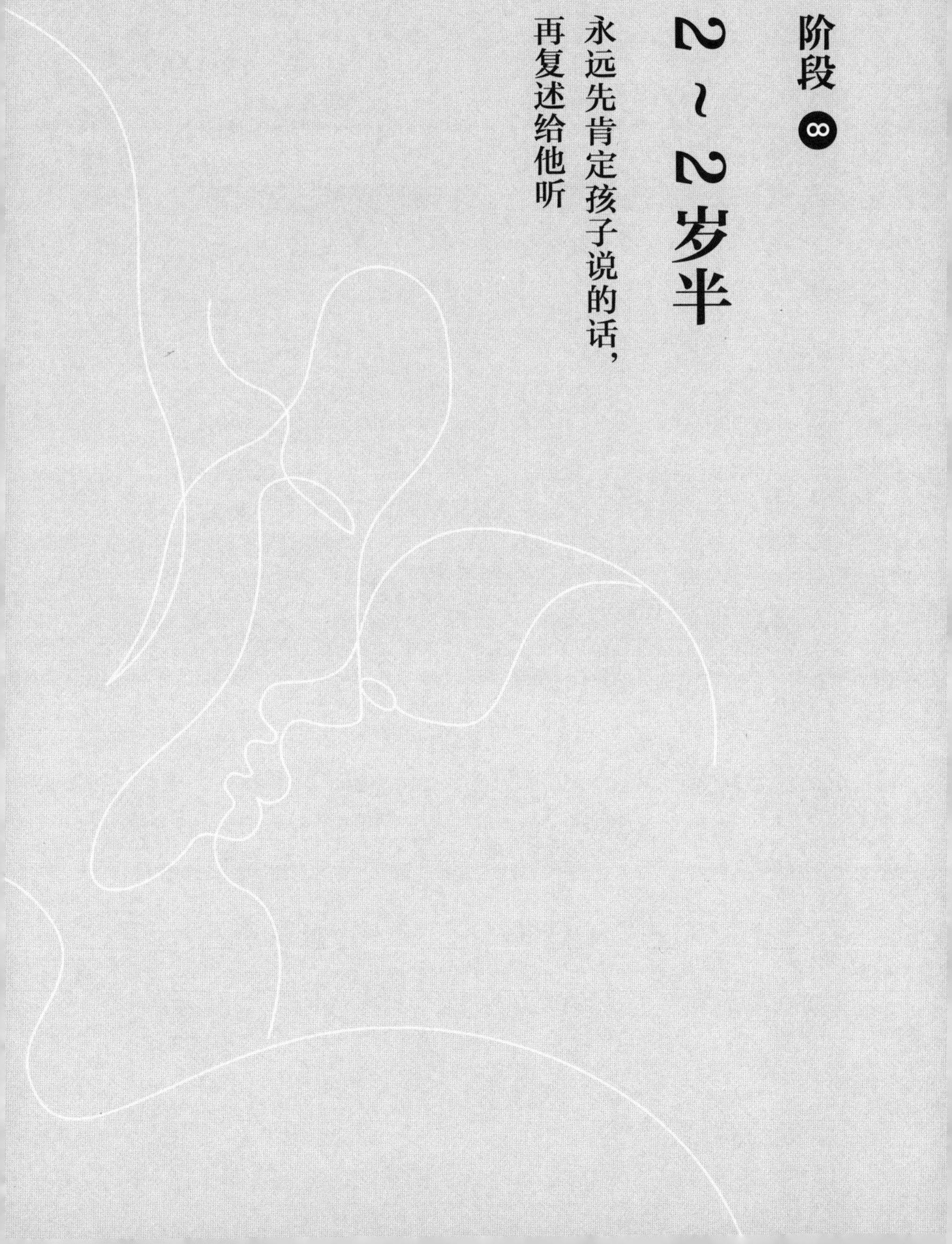

2~2岁半的孩子

到这个阶段，孩子已变成幼儿，他见过不少大人所从事的活动，并且萌发了想去尝试的热情，这股热情有时能造就有趣的家庭时光。例如，我儿子曾因为想知道种植球茎是怎么一回事，竟把自己的积木种在我的花床上。此时孩子在情感上仍对你极度依赖，可能会故意延长就寝前的日常活动，好让你多陪在他身边。我女儿在这个阶段就曾说服我，每天就寝前至少给她读三本书，并唱三首儿歌。

孩子仍需随时有大人监控，这是最易发生意外的年龄，因为孩子想一探究竟的强烈欲望与他对世界的经验不成正比，这可能导致孩子做出一些让大人无法接受的行为。例如，孩子把颜料画在纸上的喜悦，可能会让他进一步把颜料涂在墙面、地板与家具上。

这一时期的孩子可能比较坚持自己的主张，如果事情不称自己的意便会大发雷霆。其实有时候连孩子都会对自己的情绪有些畏惧，需要大人果断、温和但坚定地告诉他可以做什么、不能做什么。当孩子意志坚定地想靠自己的力量来完成某些任务，如拼图，但你知道他可能需要一些帮助才不至于太受挫时，就必须运用你的沟通技巧了。

孩子2岁～2岁3个月时

语言发展

孩子在这个时期之初，已经能理解相当长且复杂的句子。他对于日常生活事件发展过程的认知，以及对词语分类的理解力都在不断增强，这使他的理解力发展得越来越快，也越来越高效。例如，他知道有“衣物”这个类别的概念，在穿衣的情境中就能轻易理解如“背心”这种新词。当他已有球类游戏的经验，并了解物体会以不同速度移动时，便很容易在该情境中理解“慢慢地”是什么意思。孩子现在也能理解越来越小的子类别，例如，身体部位中的眉毛与膝盖，衣物类别中的领子和纽扣。他现在已能理解“较大”“较小”，甚至“一个”与“许多”等词。

孩子现在理解的动词也多了，可正确指出小孩在做不同事情的图片。

在此阶段，孩子的口语能力发展很快。在此阶段开始时，大多数孩子的口语词汇量在200个左右，有些孩子一天能增加多达10个口头词语。大多数孩子主要用包含两个词语的句子，偶尔才用到包含三个词语的句子。两个词语的句子多半包括人或物的名称，以及一些动作词语，如“宝宝睡”“球球丢”。

孩子现在已开始使用一些代词，如你的、他的，但一开始通常会混淆其用法。

在这个阶段，他也会经常跟自己说话，例如，玩的时候喋喋不休地说自己在做什么。他并不是在与某个人沟通，这种情况仿佛是他在练习如何拼凑词语。正如格赛尔所说，孩子“边活动边说话，边说话边活动”。

虽然孩子已经知道大多数对话规则，包括发起对话、保持对话，以及修正对话中的漏洞，但真正参与对话时，他并不能实际运用这些规则，所以他所说的内容可能会断断续续，尤其在一对一的情境以外的对话中，大人仍需负责大多数对话工作。孩子在聊曾发生在自己身上的趣事时，通常是最流利的，但在这个阶段，孩子多半是以现在时来说这些事，例如“去公园”，可能意味着他之前去过公园。他也可能用一些短句来请求大人帮他满足他的需求，如关于洗手，我女儿小时候常说“手指黏黏”。

孩子现在会说越来越多包含三个词语的短句，建构这些句子有好几种方式，有些是延伸孩子已说了好一阵子的双词短句，例如，之前他常说的“珍妮车车”，现在可能会变成“珍妮大车车”。包含双词的短语也可能被拼凑在一起。同样也是那些他已经运用好一阵子的短语，如“妈妈洗”和“洗头发”，现在可能会被组合成“妈妈洗头发”。有些句子则可能由词语组合而成，例如，“我要晚餐”或“泰迪熊打球”。孩子现在的口语仍是电报式的，会遗漏一些字，但这种情况在接下来的几个月会逐渐好转，用语的次序也会越来越正确。当代词的用法越来越正确时，孩子会开始用“我”来称呼自己。

孩子现在会问的问题越来越多。最新进展是他会问：“那是什么？”他也开始使用越来越多的问句，如“妈妈哪里”或“什么晚餐”来获取信息或引起他人的注意。如果这些问题没有达到他的目的，他就会以拉扯或抓住你的方式表达他的意思。

整体发展

孩子现在可以到处走，甚至踮着脚尖走。他可以在不用双手的情况下，从跪姿站起来，灵敏地爬上某器材，或爬上椅子去拿物品，甚至以单脚站立。过去身体的平衡与控制会耗费孩子大量的注意力，现在孩子对身体的掌控程度，让他更容易专注于正在发生的事与他人所说的话。

孩子现在进一步意识到自己是一个独立的个体，也更能意识到他人的需求与感受。他喜欢做一些事情来宣示独立，如不靠大人帮忙自己洗手。（但其他时候，尤其是累了或不舒服的时候，他会回到极度依赖你的状态。）

孩子与其他幼儿的社交接触仍然很少且短暂，不过他偶尔愿意分享玩具，展现出最初的合作迹象。

注意力

这个年龄的孩子注意力发展进入了一个新阶段。他的注意力首次可以被大人引导，不过仅限于特定情境。孩子专注于某事的时间延长。他在不是特别专注的时候，可以回应你吸引他注意其他事的话语，并将注意焦点转移到那件事上。孩子的注意力现在仍是单通道的，你必须了解他在做某事时无法同时听到你在说什么——当他倾听时，他必须停下手中的事；等他不再听了，才有办法继续进行这件事。

我第一次见到莫里斯时他4岁。他很帅，个头比同龄的孩子高大，但口语发展非常迟缓。他在几分钟内翻空了两箱玩具，完全没把母亲对游戏的建议听进去。接着他锁定一辆小火车，推着它在轨道上一圈圈地跑，同样完全把母亲说的话当耳旁风。他母亲表示这是他的典型行为，她想跟莫里斯沟通，却无计可施。

很幸运，我们对莫里斯的环境做了适当的调整后，他的注意力开始发展。莫里斯的母亲了解并认识到他所处的注意力阶段后，跟莫里斯建立起一对一的安静时间。在这段时间内，她只跟随莫里斯的注意焦点说话，于是他开始进步了。三周后，他已经可以停下自己在做的事听母亲说话，对别人说的话也理解得更多了。

此时孩子仍然很容易分心，外界的噪声或其他事件会让他停止听你说话。许多因环境因素导致注意力无法良好发展的孩子，要么是注意力极短暂，要么是注意力无法转换，完全无法在做事的同时听别人说什么，这种状况很容易持续到小学甚至更大的年龄，这会对他们的学习造成毁灭性影响。

听力

如果你一直执行儿语潜能开发计划，只要环境安静，孩子便能倾听想听的声音并过滤掉不想听的声音，该能力现在应该在所有环境中都能发挥。孩子现在对于周围声音及其意义的知识已非常丰富。另一个重要的新进展是，他现在听到新的声音会询问其声源，如果他不喜欢自己听到的噪声，也会让你知道。

孩子2岁3个月～2岁半时

语言发展

孩子现在已知道更多动词的意思，在大人对他说过这些动词之后，他能分别指出各种不同活动的图片。

孩子已较理解问句，并能合适地回应“某某在哪里”的问题——看向所问的物品或跑去把它拿来。

孩子现在知道越来越多各类事物的名称，例如，食物、餐具与家庭成员的名称。他知道家庭成员中有“奶奶”“姐姐”等名称，因此很容易理解新名称的意义，如“姑姑”。

孩子现在能以物品的用途来分辨它们，如正确辨识“可以吃的东西”或“可以穿在身上的东西”。

孩子在此阶段对颜色、尺寸和数字等概念的理解也有所进步。到此阶段结束时，他能数到2或3。

孩子此阶段在理解方面最大的成就是，能在没有线索辅助的情况下理解语言。例如，你提到要去买东西，他就赶快去穿鞋子，而过去你要把购物袋拿出来，他才会去穿鞋。

孩子在口语方面也有长足进展。他现在甚至能以更广泛的方式运用语言，在问答与表达情绪上更为熟练，也会运用语言来主张自己的独立。以前大人要帮他把黏糊糊的手指头擦干净，他可能只是推开大人的手，现在则会坚定地说：“我自己来。”他现在也会像大人一样使用“这是什么”来询问新词的含义，而不仅仅是询问物品的名称。

孩子用词的顺序会跟大人越来越一致，他似乎渐渐注意到大人如何建构语法正确的句子。他现在会问更多问题，也能较清楚地表达自己到底想知道什么，例如，他会问“某某在哪里”，以及需要对方回答是或不是的问题，如“是苏西的帽子吗”。

孩子讨论过去或未来事件的能力也在持续增长。

虽然孩子在口语沟通方面进步神速，但他毕竟加入这个世界的时间不长，距离成为技巧娴熟的对话者还很遥远。他可能在你们日常游戏时间沟通无碍，因为在这个情境中，他最能轻松运用所有的沟通技巧；但在其他情境中，仍需要许多帮助。很多时候他对于别人的提议毫无反应，主要原因是他的注意力现在仍是单通道的，而在一般情况下，他并非随时都跟大人的注意焦点保持一致。

跟以前一样，孩子会继续用一些发音简单的词代替发音复杂的词。

整体发展

孩子语言发展的进步必须依赖于其他方面的发展。他对身体的掌控能力更强了，现在可以双脚跳起，爬上或爬进游戏器材。他终于会踢球了，虽然力道很轻且不太平衡。他也开始踩三轮车，这是另一项可能成为他终身爱好的活动，而且他可以控制推行玩具的方向。

孩子的手眼协调能力正快速提高，他可以正确地完成简单的拼图，并叠起约8块积木，为积木小火车加上烟囱，也可以用三块积木搭桥。孩子用笔的控制力也增强了，可以学着画叉。他可以配对主要颜色，也能根据物品的大小加以分类。

孩子社会化的过程在飞速发展。他现在会跟另一个人一起玩，而且通常会进行合作。而如果他拒绝做某事，你也可以跟他商量。例如，你可以说："午餐后吃饼干，而不是现在吃。"他也能接受。他可能愿意帮忙收拾物品，尝试穿衣服时也能做得不错，即使常会把衣服穿反。他现在可以自己用叉子和勺子吃饭了，并且不需要太多帮助就能自己洗手和擦干手，也能自己去厕所。

注意力

孩子现在可能比以前更容易接受你的引导，但仍然只限于他的注意力并未全部集中于他所做或看的事情时。孩子这种刚萌生的、能接受引导的状态，需要大人以极其谨慎的态度与高度的敏感来面对。正如我们之前提到的，如果孩子现在能听从引导让你很开心，然后你就开始大量地引导他，你们都会感觉很受挫，因为他现在遵循引导的能力仍非常有限。

当你真的需要引导孩子时，必须遵守以下几个规则。

- 如果你希望他停下手边的事，然后到桌子这边来，你需要给他大量的预先提醒。期待孩子突然改变活动，时常会成为孩子在两岁执拗期时大发雷霆的导火索。
- 孩子只有专注于你时才能遵循你的引导。
- 引导孩子的目的最好是增添活动的乐趣，如以勺子接近他嘴巴时说："飞机来了。"
- 在事件发生前引导孩子，对他比较有帮助，如在熟悉的穿衣过程中说："接下来是穿裤子。"

有趣的是孩子现在也开始给自己引导，例如，他在玩积木时会说："把它放在那里。现在把那个放上去。"

听力

孩子在安静的环境中轻松倾听的能力现在应该已经成熟，如果他突然出现不像从前听得那么清楚的状态，请务必带他去检查听力。

耳朵、鼻子和喉咙发炎是幼儿园阶段的小孩经常发生的状况，但这可能会造成轻微听损，导致原本没有听力问题的孩子出现异常。这类听损可能每天甚至每小时的状况都不同，导致倾听变得困难而混乱，使得孩子可能专注于看与触摸，而非听。

这样和孩子玩游戏

探索型游戏与假想游戏在此时期将蓬勃发展，后者现在进一步发展为真正的想象游戏。孩子现在大部分时间都很喜欢你参与他的游戏，也乐于接受能帮助他丰富游戏内容的建议。（对孩子的需求保持高度敏感很重要，有时候孩子就是想做自己的事。）

探索型游戏

孩子现在对于游戏器材、玩具以及游戏方式的探索没有界限，他对身体的控制力与手眼协调能力的进步，使他在这方面有惊人的进展。他还是很热衷前一个年龄阶段喜欢从事的许多活动，但是能以较为灵巧与细致的方式进行。

他现在可以踢较大的球，同时也可以做到接球，也可能觉得箱子等其他东西踢起来更容易。很多孩子一进入这个时期，就会踩三轮车了，通常会非常兴奋。

孩子现在有能力叠起8块积木，会小心地将每一块摆放在另一块上面。他控制蜡笔与铅笔的技巧更熟练了，能画出明确的记号，也能模仿横向笔画，他开始享受其他绘画工具的乐趣，如粉笔与颜料。孩子现在能灵巧地穿珠，并会首次接触剪刀。如果大人给孩子示范如何握剪刀，孩子可以剪断纸，并且乐在其中。他现在操作工具类的玩具能更快上手，例如，螺丝玩具或敲木桩玩具，并且玩的时间比之前长了。

这个年龄的孩子对于配对与分类极感兴趣。这些活动能让他比较不同尺寸、形状与颜色的物品，让他学到关于各种材料的宝贵知识，也有助于他发展“空的”与“满的”、“坚硬的”与“易折的”等许多概念。他现在不仅喜欢比较不同的物品，也喜欢对小型物品与图片进行配对。多数这个年龄的孩子都喜欢拼图，而且能比过去玩更长时间。

假想游戏

假想游戏在这个时期会蓬勃发展，孩子对自己周围所看到的家务活动兴致高昂，如家务和园艺。这反映出他强烈地想了解大人在做什么，以及做这些事情的用意。他可以长时间专注地看着大人做这些事，记住并模仿自己所看见的事，兴高采烈地把这些活动带进自己的游戏（刚开始时，他不一定能把事情做对）。

在假想游戏的早期阶段，孩子只会用物品完成单一的动作，例如，假装用梳子梳头发或用杯子喝水。现在，他除了再现单一动作，还记得全部过程。例如，他可能坐下，假装戴上眼镜，然后拿出报纸看；可能在玩水时重现整套清洗餐具的步骤：拿盘子与餐具，清洗，擦干，然后收起来。他也可能帮娃娃戴上帽子，把它放进推车，然后带它出去散步。这些模仿有助于他区别自己与他人。

另一个发展是泰迪熊与娃娃角色的改变。孩子在稍早时期会把娃娃和泰迪熊带进游戏，但只是将它们作为较被动的角色；它们现在变主动了，泰迪熊可能会把杯子递回来再要一杯水，娃娃也可能跳起来去接球。孩子很喜欢大人参与这些游戏，请大人给他示范如何把动作融入游戏过程，从而丰富游戏内容。你可以建议他，娃娃在洗完澡之后可能会想喝水，可以把娃娃送上床盖好棉被后亲它一下。

想象型游戏

真实的想象型游戏——不仅重现往事，而且结合往事创作新故事——在这个时期开始萌生且蓬勃发展。

孩子现在更能理解他人的感受与需求，也开始更加频繁想象自己是另一个人。他最可能扮演母亲、父亲或日常生活中他最常观察到的人；他在扮演这些角色时，娃娃或泰迪熊最常代替他原有的角色。例如，当他扮演妈妈的时候，他可能拿起购物袋，把泰迪熊放进婴儿车里，然后假装去商店购物。这些想象的过程有助于让他弄清楚，作为另一个人，做他们做的事是什么感觉。角色互换，如轮流担任店主与顾客的角色，是孩子非常喜欢的游戏。孩子同样会借由体验来理解这些人做这些事的感觉与意义。

孩子也很喜欢跟模型玩具长时间地玩想象型游戏。他会广泛且充满想象地玩娃娃屋与家具组合玩具、动物园或农场与动物组合玩具，也可能假装喂图片上的娃娃吃东西。在这个年龄段结束前，他甚至可能会创造出人物，例如，其他来商店的顾客，或来动物园玩的假想人物。

他运用想象搭建这些玩具组合时煞费苦心，所以他希望它们原封不动地留在原处过夜，这样第二天还可以继续跟它们玩。

电视与影片

请继续遵守之前的规则：

- 把孩子看电视或影片的时间限制在一天半小时以内。
- 跟孩子一起看，并讨论你们所看的内容。
- 不要选择包含飞行火车或会讲话的动物等可能造成孩子混淆影片与现实的奇幻型影片，因为孩子此时尚未完全理解世界如何运作。

- 选择影片与电视的标准，也同样适用于书本的选择。他会喜欢跟他做同样事情的熟悉角色，也会喜欢认识相同的角色，并看他们重演熟悉的事件过程。
- 儿歌或者音乐对孩子仍有强大的吸引力，幽默的内容也是，尤其是趣味小短剧。
- 正如书本一样，孩子也喜欢节目里有让他感兴趣的概念，如大小与数字。
- 孩子喜欢讲小故事的节目，就像有人说故事给他听一样，他会喜欢生动的声音与戏剧化的阐述。

宝宝玩具箱

玩具可分为探索型游戏用品与假想游戏用品两种，但正如其他年龄阶段的表现，孩子运用这些玩具的方式可能十分出人意料。

探索型游戏用具：

- 不同尺寸与颜色的纸
- 颜料与画笔
- 粉笔
- 塑料剪刀

- 三轮车
- 游戏卡片
- 更多拼图
- 更多箱子

假想游戏用具：

- 放钱的抽屉与钱
- 锅
- 更多园艺或家务器材

宝宝小书架

请继续每日与孩子共读一本书。对孩子日后的阅读来说，没有任何事比这么做更有益处。但绝对不要试着在这个阶段教孩子阅读，现阶段最重要的是跟孩子共享愉快的时光，把他带入阅读的神奇世界。孩子将吸收许多重要信息，如阅读是由左至右、图和字彼此相关，还有最重要的一点是，阅读乐趣无穷。

孩子仍然喜欢关于他日常生活中熟悉事件的故事，这些故事有时可能跟他的游戏效果相同，可引领你们讨论过去与未来的事件。现阶段的故事可以长一些，最好搭配贴近生活、色彩鲜明的图片。孩子会很喜欢有大量细节的书。兼具有趣故事与吸引人的图片的书是最佳选择。

孩子会很喜欢重复出现在好几本书里的特定角色。这些角色很快会变成他的老朋友，让他自在熟悉。他会喜欢讨论这些角色的感觉、动机，以及活动。

孩子特别喜欢跟自己相关的故事，根据你们的相册所编的故事，会让他乐在其中。

孩子仍非常喜欢儿歌。儿歌对孩子很有益处，会引导孩子通往阅读之路。请在给孩子唱儿歌时保证声音非常生动，并强调儿歌的韵律。

书本的语言以包含大量三个关键词的句子为佳，如“奶奶遗失了帽子”“他吹熄了蜡烛”等。

孩子仍对大小、多少等概念很有兴趣，他们喜欢用图说明这些概念的书（但孩子这时并不需要大量新书，因为他仍喜欢反复听、看熟悉的故事）。

宝宝发展正常的指标

宝宝两岁半时的正常表现：

- 能使用多达200个词语，甚至更多；
- 能跟自己说正发生什么事；
- 能问“什么”和“哪里”的问题；

- 能把三个词语连在一起；
- 能以“我”称呼自己。

妈妈要注意的异常行为

宝宝满两岁半时，如果有以下情形，请寻求专业帮助：

- 使用的词汇量并未增加；
- 仍主要使用单个词语，而非连用两词；
- 你常听不懂他说了什么；
- 似乎不希望你跟他玩；
- 不会玩任何假想或想象型游戏；
- 似乎听不懂你说的话，除非你的话很简单；
- 注意力集中时间大多时候非常短暂。

儿语潜能开发这样做

尽可能为孩子提供最好的环境，每天半小时的亲子独处时光对孩子仍有非常多的好处，不仅对语言发展如此，对游戏能力、注意力与情绪发展更是如此。美国与英国的许多研究都表明，语言发展迟缓的孩子有很大比例都存在情绪问题。这并不意外，我们不难想象，那种无法了解别人说什么，也无法让别人听懂自己说什么的受挫感。

跟孩子解释他能否做某些事的原因。

语言和情绪发展间的关联，在两岁执拗期这个阶段尤其明显。这个年龄的孩子开始把自己视为独立的人，在坚持己见的过程中，经常出现叛逆行为，而拒绝去做大人要求的事。我们可以跟孩子解释为什么他不能做某事，并且与他协商，如果孩子有很好的语言理解能力，你就比较容易说服他。相反，语言理解能力有限的孩子，通常只觉得大人在霸道地阻止他做自己想做的事，而且逼迫他做自己不想做的事。

孩子之间的互动也受理解力与运用语言能力的影响。美国一项有趣的研究发现，根据孩子的语言理解能力可预测出他受欢迎的程度。

4岁的丹，因为说话程度像两岁的孩子而被带来看诊。他的母亲表示，丹无法交朋友这件事让他很苦恼。他邀请其他孩子到家里玩，并带他们进行一些有趣的活动，但最后总会因为争吵和哭泣不欢而散。丹跟母亲开始进行儿语潜能开发训练后，丹的语言能力很快就赶了上来。他母亲也注意到他和其他孩子开始讨论他们要做些什么，并以协商、建立规则来取代争吵，于是丹的人际关系开始改善。6

个月后，他的语言能力与社交互动已达到合乎他年龄的正常水平。

孩子挚爱的大人一心一意地专注于孩子，能让孩子感到安心且自信，并能纾解孩子借由其他方式（通常是以调皮捣蛋的行为）来获取大人关注的巨大压力。我见过许多孩子在接受儿语潜能开发训练后，情绪平稳了许多，即使他们尚未有充足的语言输入增强其理解能力。

我第一次见到三岁的特迪时，他整个人非常紧张，似乎一触即发。他在做动作时会颤抖，协调性看起来很差。他和母亲的交流处于恶性循环：为了赢得母亲的注意力，他的行为偏差越来越严重，母亲则对此感到很受挫，于是越来越疏远他。但是当特迪发现，无论他每天表现如何，都可以跟母亲有固定的游戏时间后，调皮捣蛋的行为在几天后就逐渐消失了。

你现在可以做很多事来丰富并强化孩子的游戏体验。孩子正处于这样一个阶段，即大人针对其需求敏锐地给予合理建议，能帮助孩子大幅提升在假想游戏中的想象力，并帮助孩子探索出更多运用游戏器材的绝佳方式。

这个年龄的孩子需要口语暨语言治疗的人数最多。当我看到一些很少有成人陪着游戏的孩子时，总是感到很难过。与有成人兴致勃勃地陪着玩游戏的孩子相比，这些孩子的经验非常有限。

固定的亲子游戏时间，可建立许多能成为父母与孩子之间极佳对话主题的共享经验，而这些对话对于促进孩子的语言发展及对世界的理解非常有用。

孩子的注意力现在可能会进入一个有趣的新阶段。大人及时意识到这一点并适时帮助孩子，将极有利于他的发展。这种帮助在一对一的环境中成效最佳。相反，缺乏上述意识可能是大人与孩子同时受挫的一大原因，也很可能导致不愉快。例如，如果你不了解孩子此时的注意力仍完全是单通道的，那么你会在他忙于某件事的时候期待他回答问题，若他不回答，就可能被你误认为不愿配合。

一对一游戏时间，环境一定要安静

务必在游戏时间保持环境安静，确保你和孩子不会受到干扰。请确认所有玩具都是完好的，而且放在孩子知道的地方，这样孩子就不需要为了找这些玩具而分心。

TIPS 请在游戏时间确保环境非常安静。

请保持地板或桌面有一块空白区域，好让孩子有足够的空间可以玩。有些假想游戏可能需要相当大的空间，而且他现在可能希望玩具能在原处过夜。

如何跟孩子说话

持续与孩子共享注意焦点

你和孩子在玩游戏时，持续共享注意焦点仍非常重要。随着孩子年龄的增长，你们的对话中会出现越来越多与当下的情境无关的内容，比如关于过去的经验，或者对未来的计划。这对孩子的语言发展非常有益，大人可以抓住这个机会，让孩子理解大量较复杂的句子，如“当我们去公园的时候……”或“当我们去购物的时候，看到……”。

两岁的安德烈亚首次来我的诊所的前一天，父母带他去了一家餐厅，第二天他仍非常兴奋，想要表演这段新体验给我看，可问题是他不记得这个过程中每件事情发生的次序了：他一抵达就先付钱给服务员（就是我），然后递给我面包券。整个游戏过程很混乱，显然没人在事前或事后跟安德烈亚解释过如何在餐厅就餐。

跟孩子聊过去的经验，可以让孩子理解日常生活事件的流程。没有这些对话机会的孩子，在游戏时明显会表现出完全不理解自己许多经验的意义与目的，因此处于一个非常困惑的世界。

请确认这些与现在事件无关的对话，都是由孩子发起，并于他的注意力转移时就结束对话，让他全权掌控你们对话中有多少时间是关于此时此刻的。这些对话的范围可能很广，包括对感觉、动机与动作等的讨论。对话时请代入大量新词语，不用担心以这种方式来扩展他的词汇量效果会不好。只要你跟随他的兴趣焦点，他就非常容易吸收这些词语。你可以辅以手势，让你说的话与当时确切发生的事联结，明确让他知道你的意思。例如，积木搭起后倒下时你可以说："现在倒下来了。哦，天啊，已经倒下了。"

TIPS 永远跟随孩子的注意焦点，同时代入大量新词语。

这种共享的注意焦点，正如我们过去所说，是后续的沟通与文化学习最重要的前导。英国一项有趣的研究指出，这种共享注意焦点的技能，是孩子四五岁时，理解他人想法与感受的前提，进而能帮助孩子与人"心灵接触"。

帮助孩子拓展游戏方式

由于你们一直以来拥有许多共同的乐趣，孩子必然希望你能加入他的游戏。像之前一样，当你们一起玩的时候，请务必跟随他当下的注意焦点，持续进行"现场报道"，这仍是绝佳的语言学习方式。

孩子现在正进入某些情况下可受大人引导的阶段，但目前的游戏时间最好先不要这样做，最适宜的学习情境仍是遵循孩子所选的活动。有些父母一发现孩子有时能遵循自己的引导，便频频下指示。这是不宜提倡的。

奈杰尔4岁时被带来我这里，因为他说话很不清楚。他先靠近玩具箱，但我开口说话时，他立刻用手遮住耳朵。后来我观察他与父母游戏的情形时恍然大悟。他俩都喜欢给奈杰尔一连串的指示，如“过来看这个”“现在来搭拼图”“做完这个”“对，现在来叠积木”，然后一家人都因此越来越不愉快。

当你们一起玩时，例如，假装去看医生，你可以让他看处方；或者当你假装是店主时，也可以给他看如何操作秤。给孩子看游戏器材的不同用法对他也很有帮助。例如，孩子已熟悉如何搭起一个积木塔后，你可示范如何搭起两个积木塔。示范新活动给孩子看时，最好做完之后就放手让他尝试，如果他希望你进一步参与，一定会让你知道。

现在，你是孩子很有价值的游戏伙伴，孩子现在很可能希望你提出建议。但是，当孩子沉浸某事时，他的注意力状态并不适宜接受建议。此外，请务必确保建议就是建议，不要变成指示。如果孩子对你的建议不感兴趣，就绝不要坚持。

TIPS 你可以提出建议来拓展孩子的游戏方式。

加拿大的一项研究发现，常被母亲干涉游戏的孩子，语言发展水平会明显低于自己做主玩游戏的孩子。

帮助孩子继续享受倾听的乐趣

在此阶段依然要让孩子觉得倾听很轻松、吸引人并充满乐趣。重复型儿歌和动作型儿歌就很适合。之前也提过，这些儿歌可以让孩子感受到押韵及语音如何拼凑成词语，有助于他日后的学习阅读。他也会喜欢你编一些跟他相关的儿歌，搭配传统曲调哼唱。

在这个阶段很有趣的另一件事情是，孩子会很喜欢你拿咳嗽和打喷嚏开玩笑，并且觉得非常好笑。

希望你现在对孩子的说话方式是生动且音调有起伏的，比跟大人说话要缓慢且大声一些。这会让孩子认为你的语言听起来很轻松、很有吸引力。句子间的停顿也有助于孩子听懂你说的话。

TIPS 帮助孩子继续享受倾听的乐趣。

孩子正在关注的物品发出的声音能够吸引他们的注意力，例如，你开关盒子时所发出的声音。他仍很喜欢听拟声词，所以不要忘了这件事。

把孩子的意思说给他听

孩子现在有很多话要说，但仍没有足够的语言来表达。跟以前一样，如果他有发音错误，你可把该词语用在几个短句里，如：“对，那是大猩猩。大猩猩很大。好大的猩猩！”

如果孩子的句子很混乱或不完整，你可以帮他说出他想说的话。例如，如果他说：“爸爸去了工作。”你可以回答：“对，爸爸去工作了。”这对孩子的对话技能发展很有帮助。让这些对话成为自然对话的一部分，首要原则是以“对”来开启句子。

TIPS 永远以“对”开启句子回应孩子。

有时，我们可能会遇到听不懂孩子说什么的情况，只要让孩子觉得是你的错就好了。我通常会这么说：“对不起，我没有听清楚。”如果必要，我会鼓励孩子用手指出来，或以任何方式表达他的意思。

游戏时间保持句子简短

在游戏时间跟孩子说话的最佳方式，仍与你其他时间跟他说话的方式不同。孩子现在的理解很广泛，你在游戏时间以外，可以跟孩子闲聊。不过，孩子可能仍以电报式地使用包含两三个词语的句子为主，他的发音可能仍有许多不完善的地方。为了帮助孩子尽快度过这个阶段，游戏时间内加入大量新词语的同时，也要保持句子简短。尽量把你的部分句子控制在不超过三个关键词的水平，例如，“泰迪熊从椅子上掉下来了”“到椅子上去，泰迪熊”“不要再掉下来了”等。

TIPS 不要让句子太长。

我最近在诊所看到一个聪明的小女孩，她名叫玛丽。她的词汇量以及组合句子的方式都没问题，但我发现要理解她说的话很困难，因为她的语音有很多混淆的部分。她的母亲完全听得懂她说的话，所以她并未意识到别人要听懂玛丽说的话有多困难。她平常会用很长的句子跟玛丽说话，显然玛丽所有的注意力都耗费在理解这些句子的意义上。当玛丽的母亲开始在部分时间以短句跟玛丽说话后，玛丽的口语很快就变得清楚了许多。

大量重复新词语

重复仍然对孩子很有帮助，尤其是你觉得自己说的某个词语孩子可能没有听过的时候。把新词语放入不同的短句，可以让孩子快速理解。例如，你可以说：“我在切土豆。把土豆切成片。这些是切好的土豆片。”

延伸孩子说的话

当孩子所说的词语或句子不清楚时，请把他想说的话清晰地示范给他听。在其他时候，可以延伸孩子说的话，并多加一些信息，例如，当孩子说“妈妈去商店”时，你可以回应：“对，妈妈去了商店，她买了一双新鞋子。”

TIPS 稍微延伸孩子所说的话。

这类延伸也能带给孩子大量语法与语意的信息，而且是以他最容易吸收的形式。当你这么做时，永远要以“对”开启句子回应孩子，绝不要给孩子你在纠正他的感觉。

请你不要这样做！

请确保不会有人纠正孩子的口语，或要求他说或重复某些词语或语音。大人该做的，是以合适的方式对孩子说话，然后由孩子负责自己所说的话。我们不需要请孩子说或重复一些词语或语音，这么做只会妨碍他的语言发展，不要让孩子觉得我们不喜欢他的说话方式。

如何跟孩子说话

除了我们之前提过的设问句，现在你可以问孩子其他一些问题了。例如，“那很有趣，不是吗”，让孩子知道，我们正在给他发言权。问孩子一些能帮助他记住事件过程的问题也很好。例如，“有东西在那只大天鹅后面，记得吗”。这个问题可能会让他想起还有一些小天鹅，不过请控制这些问题的数量。如果他不回答，请你务必自己回答。

绝不要为了让孩子回答而刻意问他问题，孩子其实很清楚，这不是正常的沟通方式。请限制你所用的负面语言。你阻止孩子靠近危险回到安全处时，仍需亲自把孩子移开或使之靠近某物，而且以后你会有充足的时间跟他解释为什么有些事禁止做，而有些事则无论他喜不喜欢都必须做。你尤其要控制自己说出“不行”的频率——连大人都不喜欢听这个词，孩子当然也不喜欢。如此一来，便能减少孩子对你大发雷霆的次数。

跟孩子独处半小时以外的时间，你可以做什么?

- 跟孩子聊他的日常活动。
- 跟孩子解释为什么有些事他不能做，有些事则必须做。
- 明确地告诉孩子你们在说什么，引导孩子加入你们的对话。

阶段 9

2岁半～3岁

要用丰富的语言和宝宝交流

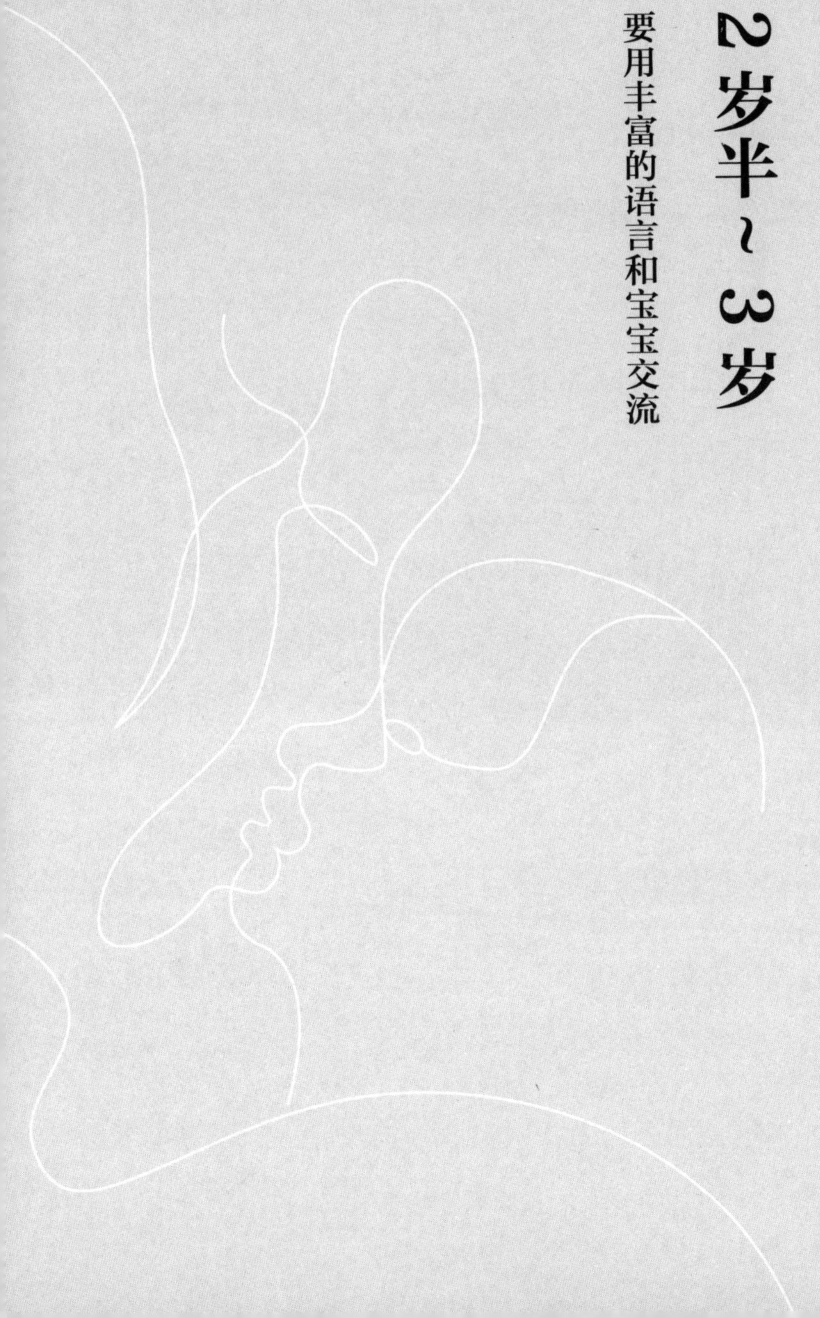

2岁半~3岁的宝宝

这一阶段的孩子非常迷人，他多数时间很温顺、乐于助人、感情丰富，不过他受到阻挠的时候仍会大发脾气。

虽然孩子想要独立的欲望在持续快速发展，不再时时刻刻需要你的关注，但他目前仍没有安全意识，还是很需要大人随时看护。他非常喜欢外出，待在外面的时间更久，活动范围更广，也非常喜欢有其他父母和孩子的陪伴。

孩子在情感上仍非常依赖你，并且会开始嫉妒自己的兄弟姐妹。他现在能熟练地吃东西，游戏时间也较长。不过有时候，想转移他的注意力非常困难，你可能辛苦安排了一个活动，结果他只玩了几分钟就突然失去兴致，你只能草草收场。

孩子2岁半～2岁9个月时

语言发展

孩子现在能听懂更复杂的句子，他不仅知道几乎所有常见物品的名称与表示动作的词语，还能理解一些常见的形容词，如厚薄、高矮，也开始理解介词，如果有人告诉他某物在另一个物品“里面”或“上面”，他会看向正确的位置。他理解语言不再依赖语境线索的提示，如不再需要看到爸爸从图书馆借的书，才知道他和爸爸要去图书馆。

但孩子现在从一个句子里接收的信息量仍限于两个关键词，例如，如果你要他同时拿一个杯子和一个勺子，他可能只带回杯子或勺子，因为他只接收到关键词“拿”和其中一个物品的名称。

孩子现在理解别人知道什么和不知道什么的能力有重大提升，这非常有助于他与家人之外的人进行交流。例如，他很清楚送牛奶的人知道他喜欢牛奶和橙汁；也了解邮递员知道他常会收到祖母寄来的明信片。但邮递员不知道送牛奶的人知道的信息，反之亦然。

孩子现在说的话不再像电报一样仅有关键词，也能以有趣的新方式运用语言。他会开始以充满想象力的方式说话，例如，自己编一些小故事，“火车从隧道出来……爬上坡……然后掉下来了”。他开始会说出并描述自己涂写的东西是什么，例如，看起来像一团线的东西其实是火车轨道。他也能够说出自己完整的名字，并能正确回答

“你是男孩还是女孩”这类问题，如果孩子的对话伙伴不了解他说的话，他不仅可以重复自己说过的话，也能够改变说法来帮助对方理解自己的意思。

许多孩子在这个年龄段结束前会开始问“为什么”，他们很快就意识到这个小小的问句有强大的力量，可获取信息并让对话持续进行，因此他们使用这个问句的频率会大幅增加。

整体发展

孩子现在不仅能两脚一起跳，也能从楼梯最低那阶跳下，他可以更容易地踩三轮车，较有力地踢球，也能配合音乐节奏踏步前进，他觉得这样非常有趣。

孩子逐渐增强的手眼协调与手部控制能力，使他的探索型与操作型游戏都有相当程度的发展。他可以配对三角形和正方形等几何形状，也可以把纸对折。他能辨认图片中的小细节，并喜欢指给感兴趣的大人看。

孩子现在能自己做很多事，他可以同时使用勺子和叉子，也能穿脱简单的衣物，他只需要少许帮忙，就能自己解开或扣上扣子。他会模仿一长串大人的动作，而且通常能做对。例如，他可能假装倒了一杯茶，加入牛奶与糖，然后搅拌。在这时期结束前，他偶尔会开始参与跟其他孩子的游戏，例如，踢球或追逐。

注意力

孩子的注意力发展相较于上一个时期没有重大变化。他仍经常专注于自己所选的物品或活动，这时他完全无法倾听大人说话。在一些情况下，他或许可以把注意焦点从自己正在做的事转移到倾听大人说话，再回到原本的焦点，但如果他在聚精会神的情况下就做不到这一点。他现在一次仍只能专注于一件事情。

孩子仍非常容易分心，即使他停下手边的事听你说话，如果有其他事发生，如突然有噪声或有人进入房间，他也会马上停止听你说话。如果需要跟他谈一些与他当下兴趣焦点无关的事情，你必须谨慎挑选时间，在改变活动前先给孩子预警，例如，告诉他："我们等一下要去接汤姆放学。"等他的注意力集中在你身上后再开口说话。如果你必须给他指示，请在事情即将发生之前再告诉他，如在你把外套递给他的时候再说："穿上外套吧！"

听力

你的孩子在安静的环境下不会有倾听问题。但与大人相比，孩子在嘈杂的环境中倾听会困难许多，所以如果孩子在嘈杂的环境中回应得没那么好，请不要太在意。

孩子2岁9个月～3岁时

语言发展

孩子到了3岁时，不仅了解了广泛的介词、动词与形容词，甚至可以根据动作来辨识某人，例如，能正确回答“哪个人在睡觉”这类问题。他已相当清楚不同问题形式的意思，并能适度回答“为什么……”与“如何……”等问题。

孩子从单一句子中理解的词汇量增加了。这个时期开始时，他只能轻松处理包含两个关键词的句子，如“泰迪熊想要他的帽子”或“你的鞋子在楼上”。这个时期结束时，他能听懂并记得包含三个关键词的句子，如“把那个大的球给爸爸”。

另一个重要发展是，孩子现在能理解不直接表明的语意——这是很了不起的智力成就。例如，孩子到了3岁时已知道，“过一会儿”代表他必须等候，但不是等很长时间。

他现在已学会许多关于动物、人与玩具的概念，不仅知道其颜色、形状与大小，还知道其作用及彼此之间的联系，还有与他的联系。因此，与孩子共读跟他日常生活相关的简单故事很有意义，他能从这些故事中得到极大的乐趣。

孩子现在知道其他人已具备什么知识，以及什么知识对他们来说是新的。因此他可能对一个陌生人说：“那里面是我的宝宝。他叫乔伊。”但是他很清楚不需要告诉自己的家人这个信息。他也发现了一件有趣的事——别人回答他问的“为什么”之后，他可以再以一个“为什么”来回应，而这样可以让对话持续很长一段时间。

孩子到了3岁时，可能会说出包括3个以上关键词的句子，例如，“妈妈去买工作要穿的裤子”“爸爸等一下要坐车去北京”。他甚至可以把两个句子连在一起，可能会用“然后”和“因为”等连接词，说出“我们去公园，然后我把玩具挖土机弄掉了”或“爸爸很生气，因为我把牛奶洒出来了”等句子。孩子现在说的句子很少是电报式的，但语法上仍有不少错误，毕竟他不久前才学会这些。

孩子现在能自由运用语言来表达他最近的有趣经历，也能以大量细节描述来说明他在图片中看到的东西。他可以开始说一些小故事，虽然仅限于一两个句子。他可能会说：“汽车开在路上，然后遇到挖土机，结果它们撞在一起。”

孩子现在很容易发起对话，例如，“妈妈你听”“我想跟你说……”。互动对话的形式已根深蒂固，到了此阶段结束前，他甚至能应付互动对话时的中断状况，例如，他会等母亲先停下来去接电话，然后再说完她刚才在说的话。孩子非常清楚对话伙伴的意图，并理解对方是不是在问他问题，或是希望他解释刚说过的话。

孩子到了3岁时，语言已成为其思想的工具。他不跟其他人对话时，也常常自言自语，似乎在练习把思想化为语言。这个时期开始时，他会以语言来描述自己在做的事，到了3岁时，他可用语言来确认自己的概念与想法。例如，他可能说：“这些都是大的……是强尼的。这些是小的，是宝宝的……”

他现在可以用语言来表达自己的问题，并传达自己的感觉与需求。例如，他可能会说，“我做不到”“我把球弄丢了”“我很害怕”。他不想做一些事时，也会说“我不想要”或“我不会”等。

话语可以帮助孩子思考自己的行为，以及其他人如何看待他的行为。他很渴望大人的认可，并会问“这样对吗”这类问题。

孩子到了3岁时，终于完全意识到提问在获取信息时的巨大作用。他对于这个美好世界的兴趣无穷无尽，而他现在握有找出一切信息的钥匙，所以可能会一直问个没完，有时会把大人弄得精疲力竭。

他现在也能用语言表达幽默内容。他可能会一遍又一遍地讲一些简单的笑话。

整体发展

孩子现在能左右脚轮流登上台阶，也能拿着玩具倒着走或侧着走。他可以把球丢向空中，然后伸手去接，并可以有力地踢球，这让他非常高兴。他可以踩三轮车，不只是直线骑行，还能绕过拐角。整体来说，他较之前更清楚自己的身体与周围环境的关系，例如，他知道自己能挤进多大的空间，如何爬到障碍物下方与上方，如要低头进入障碍物下方，或攀爬上矮围墙。

孩子现在能更有技巧地运用双手。他握起笔来有模有样，以两根手指和大拇指抓握。他第一次试图画人，能画出两条线来代表双腿。他可以学着画出一个圆，以及配对6种颜色并说出其中一种的名称，也能从1数到5。他还能学着将积木搭成桥，也可以叠起9～10块积木。他可以把纸对折两次，更熟练地使用剪刀，并灵巧地盖上及取下容器的盖子。

另一个有趣的发展是他开始组合游戏器材。例如，他会把汽车与积木放在一起玩，用积木给汽车做一条道路或盖一个车库。他可能会把司机放进火车头，或把包裹放在卡车上。

孩子现在能熟练进行日常活动。例如，他能帮忙摆放餐具，从壶里倒出饮料而不洒出来。他可以用杯子喝东西，而不会发生太多意外。他能在极少或没有帮助的情况下洗手并擦干手。他现在穿衣服的技术比较好了，但还是可能把鞋子穿错。

孩子现阶段很可能仍然在其他孩子在场时自顾自地玩，但他对其他小孩正在做的事会越来越感兴趣，他开始懂得跟他们增加一些互动，也开始萌生轮流玩的意识，例如，他已经学到玩秋千、溜滑梯或踢球时要等轮到自己时才能玩的游戏规则。

孩子现在可以短暂地独自玩耍，但仍需要有人持续看护他，他需要知道大人就在附近，他喜欢有大人加入他的想象游戏。

注意力

这三个月，孩子的注意力发展并无太大变化。

听力

孩子对环境中声音的认知更丰富了，尤其是他现在能询问自己所听到的声音是什么意思。

这样和孩子玩游戏

孩子的探索型游戏与假想游戏在这个阶段持续蓬勃发展。

以探索型游戏来说，孩子的身体控制力与手眼协调能力的提升，让他能用手边不同的游戏器材做更多的事。他使用剪刀与绘画工具的技巧变纯熟了，也能比较熟练地操作积木与玩具，例如，螺丝玩具或串珠。孩子在探索过程中，会持续学到许多有关颜色、形状、大小与质地的信息。假想游戏现在开始蓬勃发展，可以纳入广泛的角色扮演，孩子现在喜欢角色互换并与大人轮流扮演，例如，一人当牙医、一人当患者等。

对他来说，你的游戏贡献极为重要。以探索型游戏而言，为孩子提供合适的器材非常关键，如果你告诉孩子并向他示范这些玩具的不同玩法，他对这些器材的运用将更为多元。给孩子不同的体验，如去农场、动物园、商店或公园，他能够从中获得不同的生活体验。孩子会在之后的游戏中把这些体验表演出来，以便搞明白这些活动到底是怎么回事。

孩子需要时间观察家人从事的活动，如烹饪与园艺。如果跟孩子一起玩的大人能扮演孩子希望的角色，并建议孩子如何延伸这些角色，这对孩子而言会是很棒的体验。例如，大人可以向孩子示范图书馆员怎么在书上盖章，甚至可以给孩子一个玩具印章。

同一个大人定期陪孩子玩非常重要。这样大人才能知道孩子都玩过什么游戏，在重复什么游戏以及在拓展什么游戏，也能知道孩子在游戏中重现的是哪个真实经历。

探索型游戏

孩子现在喜欢许多动态游戏，例如，踩自行车、投球或踢球；也非常喜欢玩沙子和水，他现在会以较复杂的方式玩这些游戏，常把沙子和水当作游戏活动的背景，而不再像之前那样只研究它们的特性。他现在喜欢在水里玩玩具船，或在沙地里做出道路让玩具汽车和其他玩具交通工具通过。他很享受大型的游乐设施，如公园里的秋千或滑梯，也越来越喜欢在其他孩子附近玩耍。

他仍然喜欢配对、分类，依序排列颜色、形状和大小，而且越来越熟练。他开始更精细地操作游戏器材，更精准地用剪刀剪裁，并且喜欢模仿大人折纸。

他仍喜欢用铅笔、蜡笔、粉笔等颜料涂写，也会告诉你他画的是什么。他首度尝试画人，但只能画出一个代表头的圆形和代表双脚的两条线。

建造类玩具如大型的拼接积木，现在可能被孩子开发出许多不同的用途，例如，建造道路和房子。正如沙子和水一样，这些器材现在被孩子拿来当作达成目的的工具，而非只是研究它们的特性而已。

假想游戏

孩子现阶段对假想游戏非常热衷，无论你是观察他玩，还是参与其中，他都会非常愉快。孩子会表演相当长的事件过程，非常准确地呈现他已观察好一阵子的大人活动。例如，他可能假装清洗泰迪熊的衣物，把衣物放到外面去晾干、烫平，再穿到泰迪熊身上。

他对角色扮演非常感兴趣，为了增加角色扮演的真实感，他会打扮成角色的样子。他喜欢跟妈妈一样踩着高跟鞋走来走去，或假装爷爷在抽烟。他也觉得穿上消防员、护士或邮递员的制服非常好玩。他现在会重现不常发生的事，例如，去理发店，并能呈现越来越多的细节。例如，他不仅会假装理发师剪头发，还会仔细把客人肩上的落发扫掉，并脱掉他的外罩。角色扮演可以协助孩子理解世界，因为据此所引发的讨论涉及重温记忆与理解事件的过程，对于提升孩子的思考与对话技巧也有极大帮助。

孩子用来代替其他物品的东西，外形上看起来可能不那么逼真，例如，他会用一根绳子代表听诊器，用一张卡片代表书。到了3岁的时候，他可能不需要用任何替代物品了，因为他真的开始发挥想象力了，他手里拿着的绳子末端可能有一只想象的小狗，他可能假装在开公交车，然后跟想象的乘客说话，有时候甚至可能搞不清楚现实与想象的区别，许多幼儿在这个时期都有想象的朋友。最近一个朋友说到她的儿子查理被自己想象的故事吓坏了，这让我啼笑皆非。查理说，有一个小男孩走进森林，天色越来越暗，他迷路了。查理越说越害怕，他母亲还得提醒他，这只是一个故事而已，然后她赶快把故事导向快乐的结局。

孩子现在玩模型玩具的方式更有想象力，他开始组合不同模型来扩展游戏。例如，他可能为自己的玩具汽车铺设一条道路，或为玩具飞机建造一条跑道。孩子可能会拿玩具拖拉机来推小推车，然后把司机和乘客放进玩具公交车或火车里。例如，火车可能坏了需要救援，也可能停在许多代表他去过不同地方的车站；农场与动物园的动物可能经历了各种冒险，例如，外出然后迷路了，最后安全回家。

布娃娃和泰迪熊现在参与游戏的时间更长了，孩子可能帮它们脱掉衣服、洗澡、喂它们，然后换上睡衣。手指偶现在对孩子而言也可能充满乐趣，它们可能各有不同的个性，然后经历了许多奇妙的探险。

孩子多数时候可能只是在其他孩子身边自顾自地玩，但会开始把他们纳入自己的假想游戏，接下来他可能会请另一个孩子参加假装的下午茶会，然后指示那个孩子喝掉自己的茶。

电视与影片

跟以前一样，请把孩子看电视或影片的时间控制在每天半小时内，最好能跟他一起看，好跟孩子讨论他所看到的，并给他必要的解释。选择书本的标准同样适用于挑选电视节目。孩子很喜欢这些越来越熟悉的电视或影片中的角色做一些他自己平时也做的事情。他喜欢节目中大量重复的情景与活动，以及一些想象的故事，但请留意他是否会感到害怕。

儿歌、音乐和幽默短剧对孩子仍具有吸引力，他喜欢节目中出现自己感兴趣的概念，比如大小和颜色。

宝宝玩具箱

这些玩具可以分为适合探索型与假想游戏的玩具，孩子之后玩这些玩具的方式，可能是你从来没想过的。

探索型游戏用具：

- 小型的球
- 小积木
- 玩黏土的滚轴和切割器
- 大型户外游戏器材，如秋千和滑梯
- 更多建造类玩具

假想游戏用具:

- 玩水游戏需要的小船
- 搭配娃娃屋与车库的人偶
- 可用于沙坑的交通工具与人偶模型
- 农场与动物
- 机场与飞机
- 用于角色扮演的服装
- 鞋子或大人的衣物
- 有司机与乘客的火车与轨道
- 起重机
- 手指偶

宝宝小书架

孩子仍很喜欢前一个时期的书，他会一次又一次地看这些书，因此还没有必要买太多书。

现阶段不要教孩子阅读，可以跟他描述图片，并且读小故事给他听，如果孩子自己主动问起，你可以跟他说书里的角色和事件，以及这些事件跟他的经验如何产生关联，这些对话常常涉及过去与未来的事件，因此是向孩子输入语言的绝佳机会。

现在最重要的仍是亲子共读的乐趣。孩子正学习书本的印刷惯例，例如，由左至右阅读，书上的图片与记号代表真实物品。相反，许多还没做好准备，父母就开始指导他进行阅读的小孩，容易对书本反感，在学习阅读时反而更吃力。

孩子仍很喜欢跟自己日常生活经验有关的书，以及谈论书中角色经历这些事之后有什么感受。他的语言技巧已能使他听懂简单的故事，了解关于世界如何运作的基础知识，也足以让他区分真实与想象，并享受一些幻想故事。当他在书中读到动物和交通工具会跟他做一样的事时，会觉得很有趣，但他已明确知道它们在现实生活中是另外一回事。

你可以用生动的声音制造戏剧效果，也可以用不同声音代表不同的角色，孩子会觉得很有趣。（如果你觉得故事太长，孩子无法专注，或认为更短的文字有助于孩子理解，可以稍微调整故事的文字。）别让孩子被想象的事件吓到，通过讨论帮助他区分什么是真的、什么不是真的。如果他真的感到害怕，改动一下内容，并且一定要让故事有个快乐的结局。

宝宝发展正常的指标

孩子3岁时的正常表现：

- 充满乐趣地聆听故事；
- 听懂包含3个关键词的系列短指令，例如，“打开箱子，拿出车车，拿给爸爸”；

- 自言自语地描述正在发生的事；
- 参与讨论发生了什么事的对话；
- 说出自己的全名。

妈妈要注意的异常行为

孩子满3岁时，如有以下情形，请寻求专业帮助：

- 经常不理解你在说什么；
- 经常不清楚别人知道什么或不知道什么。例如，他可能会跟陌生人谈到强尼（他的弟弟），却没意识到对方根本不知道强尼是谁；
- 常说一些对你来说莫名其妙的话；
- 只会说包含两三个词语的句子；
- 从不问问题；
- 对故事不感兴趣；
- 没兴趣跟其他孩子一起玩；
- 家里以外的人觉得要听懂他说的话很难；
- 注意力集中时间大多数时候很短暂。

儿语潜能开发这样做

请继续把握好每日的游戏时间，你可以做很多事来强化他在各个领域的发展，大人腾出固定时间当孩子的游戏伙伴，对他来说是绝佳的礼物，他的情绪发展也会因为你的全心关注——推动并支持他进行探索，以鼓励与赞美增进他的信心——而受益匪浅。这些游戏时间也可以让你们有机会讨论日常生活的事项，例如，向他解释必须禁止与必须遵守某些事项的原因，这是避免孩子大发雷霆最有用的方法。

孩子正处于有时候会故意以愚蠢的行为来揣摩大人容忍度的年龄，比如拒绝做某事或声称自己不会做某事，但其实你心知肚明他能做得很好。如果要斥责孩子，请尽量批评他的行为，而非他这个人。例如，说他“做这件事有点蠢”比骂他“你真是个笨孩子”要好多了。

这些游戏时间也让你有机会回答他无穷无尽的问题，孩子能从随心所欲的追问中学到许多知识。此外，游戏时间也能让孩子有机会练习新学到的对话技巧。这个年龄的孩子常遇到家中有小宝宝诞生的情况。嫉妒与被取代的感觉可借由这些单独与大人相处的时间大为缓解。因此你应该尽可能地维系这段时间，你可以等到另一半回家来照料小宝宝，必要时请朋友或亲戚每天抽出半小时帮忙。孩子在这个时期的情绪非常需要大人关注，兄弟姐妹对孩子也非常有帮助，就语言发展来说，父母、孩子与兄弟姐妹之间的对话，常是父母能帮助孩子参与三方对话最容易的方式，这是一项非常重要的技能，孩子仍需学习在许多情境下与人沟通，而非只是一对一沟通。

不要把这些游戏时间变成教学时间。因为孩子现在可能对颜色、数字与形状等概念显露出兴趣，许多大人就误以为教这些概念对孩子有帮助。请不要把你宝贵的时间浪费在教抽象的概念上，而是要把这些概念的名称带进自然发生的对话，例如，跟孩子玩玩具车时可以说："蓝色车车和黄色车车。"在搭积木时可以说："长的积木适合接在短的积木上。"孩子可能因此会觉得描述这些概念的新词语很有趣，例如，"庞大"与"微小"。跟随孩子的注意焦点，他就可以毫不费力地学会，若刻意教他你想要他知道的，不但效果不明显，对你和孩子来说可能也会很受挫。

我见过许多孩子能描述出大量颜色与形状，却不知道自己所描述的物品为何，也不知道要拿它们做什么。这些孩子的父母通常在正常对话以外，还教孩子这些概念的名称。

3岁的托比语言发展非常迟缓，他最常说的话是"我不会做"。他母亲的观念是只有通过教，孩子才能快速学会一些技能。她每天会花好几个小时教托比，在托比5个月大的时候教他怎么走路，在托比还不到1岁时就开始教他英文字母、颜色、数字和形状。结果托比变成了一个极有攻击性且非常容易受挫的小男孩，在多数领域的发展都变得迟缓。在他母亲开始跟随托比的兴趣并谈论这些事情，而非刻意教导他之后，托比很快就放松下来，并开始学习了；

他的行为也开始快速进步，语言发展在几个月内就赶上他的年龄水平。

做家务或清洗衣服也是你跟孩子单独相处的绝佳时机，尤其是当家里有新生儿，而你的时间又很有限时。但你们必须是单独在一起，而且房间要很安静。如果孩子有过痛苦的经历，如父母离异或失去家人，这段游戏时间尤其重要，要让他有机会去谈这件事、他的感受，以及问你关于这件事的问题。幼儿常会假设发生这些事是自己的错，你必须利用这段时间安慰他，让他知道这完全不是他的错。

一对一游戏时间，环境一定要安静

孩子需要各式各样的玩具与游戏器材，包括可让他进行研究型与假想游戏的玩具，你必须确认这些玩具都是完好的，且放置在孩子能轻易找到的地方。他现在可能会组合不同的玩具和游戏器材，例如，用积木搭一条路给玩具小车走，或把人偶放进玩具火车里。请务必保留足够的地板和桌面空间让孩子玩。如果可能，让他保留道路或跑道到第二天。

我儿子3岁的时候，和他的朋友保罗花了一个下午建造农场，给动物们搭建了墙和房子，他们对于自己的成果很满意。不幸的是，保罗的父亲非常注重家庭整洁，不容许孩子把建造的东西留到第二天，建好之后必须马上拆掉。当我到他家去接我儿子时，两个小男孩都眼泪汪汪的。

如何跟孩子说话

持续共享孩子的注意焦点

你现在能跟孩子谈很多最近发生的趣事，以及近期计划要做的事。不过跟从前一样，永远让孩子全权决定要花多长时间谈论一个话题。当孩子转移注意力时，你应该马上停止前一个对话。

玛丽亚的母亲花了很多时间跟她玩，但严格要求她在完成一个活动时，要先收拾好再开始进行下一个活动。有一天我看着她俩开心地享受下午茶游戏，她母亲刚介绍一个新角色没多久，玛丽亚突然对这个游戏失去兴趣，想去拿颜料。她母亲坚持要玛丽亚坐回来继续玩下午茶游戏，但玛丽亚显然已经觉得这个游戏不好玩，也没有在听母亲说什么，只是一直看向颜料。玛丽亚的母亲知道问题出在哪里后，让玛丽亚来主导游戏，于是她俩都觉得有趣多了。

3岁的露西恰好相反。她的父母趁露西的小弟弟还在睡觉时，一起跟她玩，希望她在很有限的时间内做完许多事。可怜的露西几乎还没做完一件事，就要快速进行下一件事，她完全没有时间欣赏自己的成果。

虽然孩子在许多方面都变得很能干，但他的注意力仍完全是单向的，他真的只能一次想一件事，而且很可能跟你心中所想的完全无关。许多家长都不明白这一点，所以会抱怨孩子的专注力不够。

你们现在的对话范围很广，不只是讨论他和其他人做过的事，还有做这些事的原因以及相关的感受。你想使用多少新词语都可以，只要把这些词语用在孩子感兴趣且关注的情境中，他很快就能理解。如果你觉得某个词语对孩子来说是新的，就重复说这个词语，把这个词语用在几个不同的短句中，例如，“那是一只大蜘蛛，看啊！大蜘蛛在跑了，好大的蜘蛛啊”。

你现在可以跟孩子说各种句式，不用担心要简化这些句子，运用合适的句子即可。只要谈论的是孩子感兴趣的事，孩子学习新语法的速度就很快。

TIPS 运用大量新词语。

协助孩子发展游戏方式

大量的绘画工具（如粉笔或颜色及大小都不同的纸张）和用来玩水、沙子和黏土的工具（如不同形状的容器或面团切割器等）对探索型游戏来说是十分必要的。给孩子示范如何使用这些器材会让他觉得很有趣，例如，用白粉笔在黑纸上画画，或沿着手和脚的边缘勾勒出其形状。孩子现在可能会尝试做一些比较困难的事，例如，剪纸和折纸，或搭建较复杂的结构，通常孩子会很乐于接受家长有技巧性地给予一些协助。

拓展孩子已具备的能力是最佳的做法。例如，当孩子已能用剪刀相当有技巧地剪裁时，你可以示范把纸对折剪出有趣的形状让他学习。你最好示范某活动或拓展活动给他看，然后放手让他尝试。他如果希望你再次加入活动，一定会让你知道。

在这个时期结束前，孩子可能会喜欢扑克牌与色彩配对游戏，学习如何轮流玩，将成为游戏中很自然的一部分。

就想象型游戏而言，准备游戏器材，如用于角色扮演的服装或你的旧衣物或鞋子，同样也能激发很棒的游戏。你可能会发现自己常要扮演孩子去看牙医或理发时的各种相关角色，因为孩子想弄清这些人所做的事与做这些事的原因。他也很喜欢跟你互换角色，例如，示范给他看理发师如何清扫地上的落发，或牙医如何让漱口盆中的水转动（当然，如果孩子对你的建议不感兴趣，绝不要坚持这么做）。

孩子玩农场或动物园之类的模型玩具时，你也可以用相似的方式拓展他的游戏，例如，说挖土机坏了必须修理等（不过请确认你提出的建议是在孩子的经验范围内，对他才有意义）。孩子开始把一些不同的玩具放在一起玩时，你一定能找到机会拓展他的游戏方式。如当孩子让小汽车开在以积木做成的道路上时，你可以在“路上”添加红绿灯或穿越道路的行人。

孩子在这个阶段后期，可能会把假想的人带进游戏，他会很高兴你能加入他的想象，你甚至可以帮助他丰富这些人的个性与行为。

如果孩子有想象中的朋友，你也应该对其表示兴趣。

TIPS 帮助孩子拓展游戏。

务必让孩子持续享受倾听的乐趣

务必让孩子有充足的机会享受倾听，尤其是倾听声音，我们之前一再提到的重复儿歌与律动儿歌仍是孩子所喜欢的。孩子现在还很喜欢诙谐的歌曲和童谣，也依然喜欢拿咳嗽和打喷嚏开玩笑。夸张地做出惊讶或恐惧表情也会让孩子开心不已。

TIPS 说话声音要有丰富的语调起伏。

跟孩子说话时，请比跟大人说话时缓慢而响亮，也请你持续使用拟声词，如玩交通工具类的玩具时，同时发出“嘟嘟”或“轰轰”的声音。孩子现在仍然觉得这些声音非常有趣，而且这种兴趣还会持续很长一段时间。

游戏时间内对孩子说的句子不要太长

孩子现在能理解大量各式各样的词语及语法结构。然而，孩子在一个单句内能处理的信息量仍然有限，在这个年龄阶段结束前，他在一个单句内能处理的关键词不超过三个。但其实三个词语已能延伸为相当长的句子，如“**奶奶要搭公交车去商店**”。在游戏时间内尽量把句子控制在这个长度，这么做能让他的理解能力快速发展。当我们对幼儿使用长句子时，他会把所有精力花在理解句子的意思上，因此不太有机会留意语法。

TIPS 不要说太长的句子。

把孩子的意思重复说给他听

如果孩子没有把句子说对，请用正确的句式把他的意思说给他听。

TIPS 让你的回答成为自然对话的一部分。

你的回答必须是自然对话的一部分，千万不要让孩子觉得你是在纠正他。为了确保他不会有这种感觉，请以“对”来回应他。

孩子现在必定会有发音错误的地方，必须到7岁，所有的语音系统才会发展完备。

把孩子发音错误的词语以几个短句的形式清晰地重复说给他听。例如，如果孩子说“那是一个大烟‘冲’”，你可以说：“对，好大啊，那是一个非常大的烟囱。那个烟囱好像快碰到天空了。”请记得一定要用“对”来回应孩子。

TIPS 清楚地重复孩子说的话给他听。

拓展孩子所说的话

请经常拓展孩子说的话。例如，当孩子说“那个小丑的帽子很好笑”，你可以说：“对啊，帽子上面有个小绒球。小绒球荡来荡去逗得我们哈哈笑。”这类拓展常会让对话内容变得很有趣。

请你不要这样做！

不要纠正孩子说的话，也不要让任何人这么做。孩子发音不完善还将持续很长时间，主要是因为他还未注意到每个语音在单词中的位置，舌头和嘴唇的协调也尚未达到能发出较困难语音或混合音的程度，所以这时期纠正孩子的发音对孩子没有任何帮助，只会传达出我们不喜欢孩子说话方式的信息，对他最有帮助的做法，就是让他能清楚听见我们说的话。

不要设定主题去教孩子

如果你花时间跟孩子在一起，活动时跟随他关注的主题，孩子就会轻松且自然地学会词语、语法结构、概念与社交互动的规则。如果你已设定了主题，然后决定教孩子一些特定词语或概念，他的学习不可能这么快，因为这些对他来说既没有意义，也没有趣味。我见过许多孩子对于颜色、形状和数字相当混淆，因为他们的父母设定好这些主题去教他们，孩子感受到父母希望他们学会，进而变得焦虑，自然觉得学习很困难。相反，我看过一些孩子两岁时已认识所有颜色，因为他们对颜色很感兴趣，他们的父母发现这一点后，让孩子主导游戏，顺便说出这些颜色的名称。

如何问孩子问题

父母常会问孩子一些问题，这是为了帮助孩子记得自己所经历事件的过程，例如，你可以问："你记得离开牙医的椅子后他做了什么事吗？"如果孩子不回答，请你自行回答。例如，你可以说："他把外套递给你，还在上面贴了贴纸。"

迈克是一个讨人喜欢的3岁小男孩，但他不太会把词语组合成句子。他的母亲连珠炮似的问他问题，目的是逼他把词语组合成句子："那是大巴士还是小汽车""这些是你的黑袜子还是白手套"。不管怎样，迈克就是不回答，性格也变得越来越内向，最后根本无视其他人的存在。迈克的母亲开始把自己多数的问题改为跟迈克注意焦点相关的发言之后，跟迈克玩变得有趣极了。他不但点子变多了，也更有幽默感了。

绝不要刻意提问让孩子回答。当然，如果你是问你真的不知道答案的问题，那绝对是可以的，如“你想喝牛奶还是果汁”。那些询问孩子心中所想的问题都可以问，如“你希望下一个轮到泰迪熊还是我”。发问的首要原则是，如果你不知道答案就可以问孩子。

TIPS 如果是你不知道答案的问题，就可以问孩子。

跟孩子独处半小时以外的时间，你可以做什么？

- 跟孩子解释为什么有的事情不能做，而有的事情必须做。
- 给孩子大量的机会观看你和其他人进行的日常家务劳动，如做饭或打扫房间。
- 把日常活动说给孩子听，告诉他正在发生的事。
- 带孩子去公园玩大型的游戏器材。
- 给孩子在其他孩子旁边玩耍的机会。
- 给孩子表演他的生活经历的机会，例如，去理发或看牙医。
- 尽可能让孩子做一些他能够做到的事情。

阶段⑩

3～4岁

开始喜欢跟其他孩子一起玩

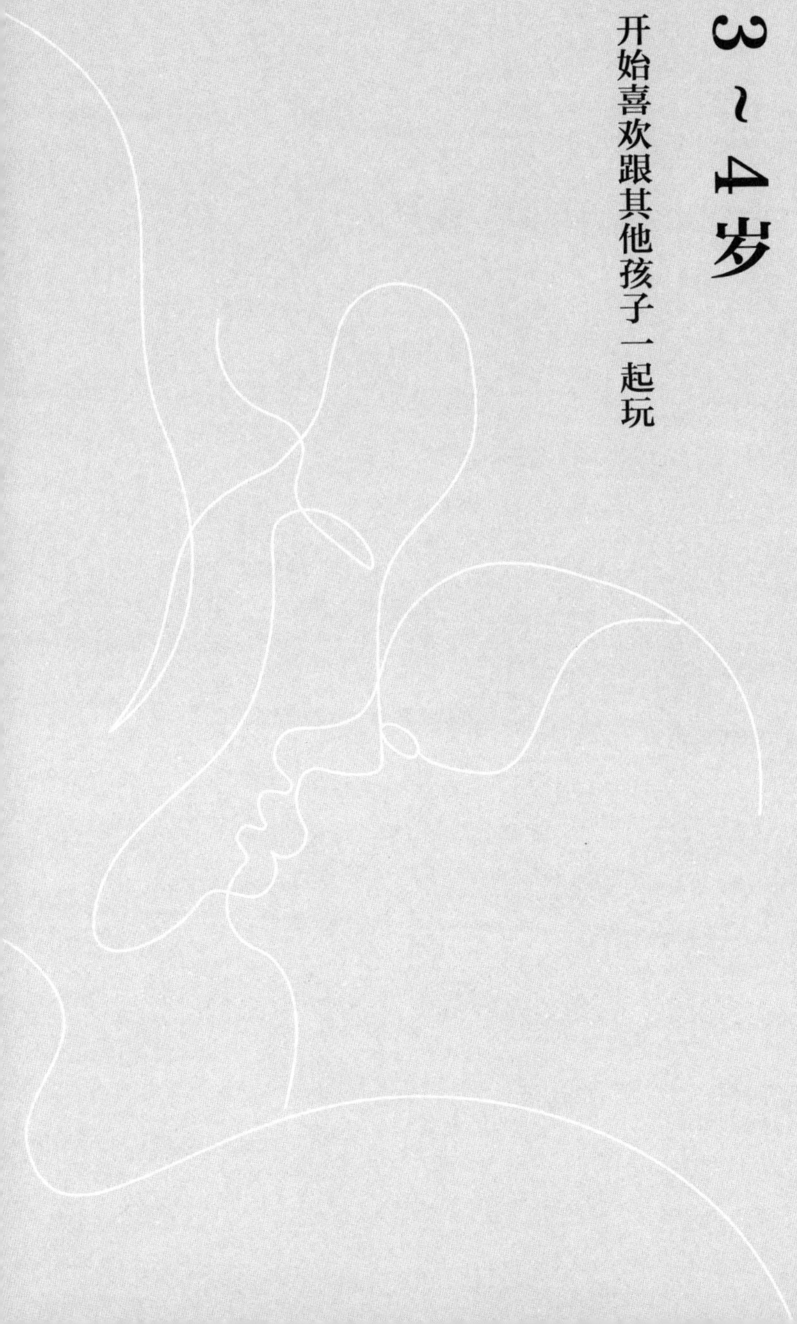

3～4岁的宝宝

孩子现在已经能很熟练地处理自己日常生活中所遇到的问题，多数时间也能独自吃饭与穿衣服，不但更清楚其他人的感受与需求，对其他孩子与大人也更有同理心。

他感情丰富，对你十分坦率，而且很想取悦你，很乐于帮你做家务，甚至会努力保持环境整洁。

这时期重要的发展里程碑是，孩子可能很乐于在没有你的情况下去其他孩子家玩——只要孩子确切知道你什么时候会来接他——他开始喜欢跟其他孩子一起玩，如果有玩伴，就不会再一直来打扰你；而且他现在能较长时间地进行一个活动，通常不会玩几分钟就弃之不顾了。

孩子3～3岁半时

语言发展

孩子在3岁时，已理解相当广泛的动词、形容词与介词，也能听懂由三个关键词组成的句子，如“泰迪熊在最大的椅子上”。到了3岁半时，他能理解不常听见的词语，如“递送”与“恐怖”，并能听懂包括四个关键词的句子，如“宝宝的黄色杯子在厨房”。

他开始理解明喻，如“雨像牛毛一样细”。如果他曾听人说过，甚至有可能理解隐喻，如“你是我的小心肝”。不过孩子的理解大多数时候仍限于字面上的意思。我朋友带儿子查理去曾祖母家玩，曾祖母开门时说：“我正在套羽绒被罩，快把我累死了！”查理笑到无法控制地说：“羽绒被罩怎么会把你累死呢?!”甚至隔天想起这事，他仍咯咯笑个不停。

孩子对语言的强烈兴趣与意识，使你现在不能随意更改歌词或故事中的文字，否则他会强烈抗议。

当孩子问问题时，并非总是全心在听别人的答案，他其实比较感兴趣的是答案跟他心中所想是否一致。例如，他可能会问你：“球茎是怎么变成花的？”你非常详细地跟他解释之后，最后他可能会说：“公园里有好多花。”

在这个阶段之初，孩子可说出包括三个以上关键词的句子，例如，“妈妈开车去上班了”。当他发现说笑话可以逗人发笑时，便开始频繁地讲笑话，即使他不懂有什么好笑的。

3岁的时候，孩子开始用“然后”或“因为”来连接句子。例如，“我来到商场，然后买了一个气球”“因为很烫，所以我把它丢了”。

到了3岁半的时候，孩子可正确运用“你”“我”“他”等代名词，说出的句子中词语的顺序也是正确的。他会用较多的否定词如“不能”和“不会”，也会用“可是”“如果”“然后”等词来连接更多句子。例如，“我想要那个，可是那个太烫了”“如果雨停了，我们就去外面玩儿”“我想先玩秋千，然后玩滑梯”。

这些发展让孩子能自由地使用语言来表达自己，他能清晰地使用语言且能传达相当多的细节。例如，他能毫无困难地表达想要“那个上面有巧克力的大饼干”。

孩子有时候也会回应其他人的对话。我曾看到一个小男孩在超市里专心听两个顾客聊一只狗的事，后来他经过他俩身边时突然冒出一句：“我也有一只狗狗，它叫罗斯提。”

从3岁开始，语言开始真正成为孩子的思考工具，能让他解决问题并制订计划。到了3岁半时，则已发展出更多发起对话的方式，例如，以“你知道吗”作为开头。由于孩子比从前更了解对话对象知道什么、不知道什么，以及如何填补这个知识空缺，因此现在更善于跟陌生人或同龄孩子沟通。孩子也很清楚对话的规则，知道什么时候别人是在问他问题，什么时候是要他解释刚才说过的话。

另一个有趣的特征是，孩子跟某个伙伴玩的时候，有时候会自言自语，有时候则跟伙伴说话。例如，他可能会对自己说：“我把这个放在这里。”然后转头跟伙伴说：“你把那个放到那边。”

孩子现在会出现假想对话的情形，能转换说话的声音与讲话方式，例如，以低沉粗哑的嗓音代表巨人，用细高的声音代表小孩。

整体发展

这个年龄的孩子很喜爱充满活力的户外活动，对这些活动也越来越熟练。他已能踢较大的球，也能把小球扔到几米外。他可以单脚跳，从第二级台阶跳下来，并顺畅地奔跑，转弯时不需要先停下来，还能推着或拉着玩具跑。

孩子3岁半时，已经可以用剪刀剪出相当直的线，也能勾画出双菱形的轮廓。

他能更独立地照料自己，且能用筷子吃饭，清洗并擦干自己的双手与脸。

孩子希望得到大人的认可，会尽量遵守家庭规则，例如，帮忙收拾玩具，或跟别人分享玩具。

注意力

孩子此时第一次能自行把注意力从正在做的事情转移到某个正在说话的人身上。他不需要大人叫他的名字，而会自己注意到有人在说话，然后将注意力从正在做的事情上转移到说话的那个人身上。不过转换的速度不算快，常需要一些时间发现有人在说话，然后才停下正在做的事情去听。他越专注于自己正在做的事情，就越需要花时间转移注意焦点，也能越快回到他之前在做的事情上。

听力

如果你一直执行儿语潜能开发计划，让孩子选择自己想听什么、想维持多久注意力，即使孩子过去曾有暂时听损，也能通过给孩子提供充足的机会，让他在安静的环境中倾听简单又吸引人的语言，把影响降到最低。

孩子3岁半～4岁时

语言发展

最神奇的是，孩子到4岁时将基本掌握语言。也就是说，在短短的4年内，他已学会数千个词语，既能理解又能运用它们。他也学会了母语中所有的基本句型。虽然他的词汇量还要终生持续增加，组合句子的方式也将越来越复杂，但他现在已经是能够用口语充分沟通的人了。

到了4岁时，孩子基本上能理解数千个词语，包括名词、动词、副词、形容词与介词等。他也能理解自己不常听到的词语，如“液体”“森林”“老鹰”“粘贴”和“毛呢”等。更重要的是，他现在能听懂包括6个以上关键词的句子，例如，“我们把两只大的泰迪熊都放在长书架下面”“大的积木放在门后面那个红色的箱子里”。这意味着孩子现在很少有听不懂的日常语言。他多数时间都在倾听并学习新词语与语法句式。

随着理解力的增长，孩子使用语言的能力也相应增强了。4岁孩子会说的词汇量已达到5 000个，也会使用母语中所有基本的语法结构（虽然有时候会犯错）。他未来要做的就是学习更多词语——这也是我们所有人终生都要做的事——以及学习以更复杂的方式来运用语法结构。

孩子运用句子的方式能反映他可以用语言来计划及解决问题的程度，如“我想我们也会让汤米来”“我想到外面去玩，但快要下雨了”。

虽然孩子现在说的话一般都很容易理解，但他的口语仍有一些不完善的地方。如他可能仍会以较简单的声音来代替较困难的发音，并简化困难的发音，可能还要再等两年甚至更久，他才能正确发出这些语音。有些孩子7岁以前都无法正确发出“er”和“r”等较难的儿化音。

这个阶段的孩子似乎对自己新学会的语言能力扬扬得意，并且变得非常健谈。他可以连续阐述最近的事件与未来的计划，也能说出相当长的故事，但内容混合事实与幻想，这反映出他难以区分这两者，他可能编造出连自己都相信的绝佳理由与虚构事件。例如，他可能信誓旦旦地告诉你，有一个巨人从烟囱跑进家里，并且撞倒了他的果汁。不过孩子此时也能说出较符合事实的信息，包括他的全名和住址。

孩子爱问问题的情况也在此时达到高峰，他现在问的问题已不再是从前那种跟因果相关的简单问题，如“为什么那个湿了”。他现在提出的问题，很多都跟他渴望理解自然与社交世界有关，例如，“鸟为什么会飞”或“为什么那个阿姨要给……”等。

社交意识的增强也使孩子成为熟练的对话者。他现在能以叫对方的名字或说“我要跟你说一件事”等措辞来发起对话，也能通过改变主题或去做其他事来结束对话。如果他的对话伙伴看起来很困惑，他马上就能发现，也能在对方提出要求前，立刻重述对方不清楚的词语或句子。他能挑选合适的时间加入对话，也能等到别人停顿时再发言，并延续讨论的主题。他可以长时间与人对话，也会点头或说“对”来认可对方所说的话。孩子的社交意识甚至可让他调整自己的口语，来适应不同的对话伙伴。例如，他会用很简单的话语跟比他小的宝宝说话，也会对家人以外的大人表现出礼貌的态度，并使用“早安”“请”“谢谢”等这些他在家或跟同龄孩子在一起时可能忘记使用的礼貌用语。

他现在相当了解对话伙伴已经知道什么，但并不全面。例如，他可能会忘记幼儿园老师不知道他周末去了海边，而跟他说“海浪越来越大了”，这难免让老师一头雾水。

孩子能以更多不同的方式来使用语言，并在与大人及同龄孩子的社交情境中，达成更多目的。他可以开始跟人交涉与协商，前者如“如果玩滑梯的时候你先来，玩秋千的时候要让我先来”，后者如“如果你让我决定要搭什么，我就给你全部的积木”。他也会以言语威胁，例如，“如果你不让我玩，我就不跟你好”。他还会用语言来制订规则，如“你先把棋子放在方格里”，甚至能说出不在场证明：“一定是强尼做的，我那时在外面。”他能用语言讨论自己的行为以及对行为的想法，例如，批评自己“这样做很傻”，也可能表扬自己：“我今天画了一幅很漂亮的画。”

整体发展

孩子在进行自己喜爱的户外活动时更有技巧了。他可以奔跑着把球踢向自己选定的方向。他可以接住弹向他的球，也能开始使用较大的球棒。他可以踮起脚尖跑步，并在奔跑时急转弯。他喜欢爬阶梯、爬树。他可以单脚跳、跳绳并弯腰从地板上捡拾细小的物品。他可以在站立或奔跑时跳起，甚至可以翻跟斗。他现在还是个骑自行车的专家，可以相当灵活地高速操控自行车。

孩子现在握笔的方式跟大人相同，也知道在涂画时用另一只手固定纸张。他可以画出有头、手脚、眼睛和躯干的人，也能画出很简单的房子，还可以画一个叉叉。他可以把纸对折三次并把纸弄皱，可以搭起10块积木，可以从1数到10。（不过他仍难以理解3以上数字的概念。)

孩子现在能参与的日常活动更多了，他几乎能独立穿脱衣物，只有在困难的系扣环节才需要帮忙。他可以用刀涂抹果酱，并自己刷牙。他喜欢做一些力所能及的事，如到邮筒寄信。

孩子4岁时精力充沛、积极活跃、生气勃勃，要他坐着不动非常困难。他通常有点任性，行为有时候会越界，有时候可能相当莽撞，因此他可能会说“我不喜欢你，我不要听你的”这类话。孩子现在也很喜欢卖弄自己，喜欢借由模仿、笑话与揶揄夺得发言权。

注意力

孩子这个阶段的注意力仍是单通道的，在这个阶段后期甚至更晚以后，才有办法听别人说与他正在做的事无关的主题（通常要到孩子入学的阶段，因为在学校必须同时做活动并遵从指示）。当活动有变化时，仍需要给孩子大量的提示，给他们充足的时间变更注意焦点。当大人给予孩子任何必要的指令时，最好在要求他去做事前跟他说，不能说得太早，如不要说“吃中饭前先去洗手”这类指令，而最好在马上要吃饭时再要求孩子洗手。

听力

孩子现阶段的听力相较于前一个时期，并没有特别明显的变化。

这样和孩子玩游戏

孩子现阶段最大的变化是，他的游戏方式逐渐成为合作性的社交活动。他越来越喜欢跟同龄孩子玩，虽然有时候仍然只是在其他孩子旁边玩而已。孩子新学会的语言技能让他能讨论并赞同计划与规则，并逐渐学会与其他人合作。同时，他也学会了轮流玩，解释自己的意思，倾听他人，协商并理解对方的观点，这些都是非常重要的生活技巧。

每个孩子对游戏的偏好，现在也开始明显表现出差异，这便是成年后选择休闲活动的倾向，所以孩子对于艺术、音乐或科学的终身兴趣，很有可能在这个阶段显现出来。此外，孩子对于创造型游戏也开始有所发挥，这是因为他们更了解手边的玩具与游戏器材的属性，也有以想象力与创造力进行思考的语言技能。

3～3岁半的游戏

探索型游戏

孩子仍非常喜欢动态的户外游戏，喜欢骑三轮车、跑步、跳跃与踢球，他仍非常喜欢玩沙子、玩水，有时候喜欢把它们倒进不同的容器再倒出来，沙子和水现在也更常被用来当作玩交通工具与人偶的复杂背景。孩子持续从这些器材学到许多有关大小、重量、材质与体积的知识。

宝宝越来越喜欢可以塑形的材料了，比如，黏土等，并能制作娃娃下午茶会的食物等物品，或农场动物的房舍等建筑。他开始拿它们做实验，例如，发现用不同物品在黏土上按压能产生各种纹路。

他喜欢有创造性地运用废弃的材料，不管是室内，还是户外，例如，用箱子和纸杯堆叠成建筑物等。

孩子在这个阶段很喜欢参与园艺与烹饪等活动，他能从制作饼干或果冻、观看种植的球茎所开的花中得到无穷的乐趣。他会对蝉蛹或蝶蛹蜕变，以及蝌蚪变成青蛙的过程惊讶不已。

假想游戏

假想游戏将发展成不同孩子扮演不同角色的社交游戏，例如，轮流扮演店主与顾客来购买商品。由于孩子仍需要学习组织与维持这类游戏的技巧，所以这类游戏一开始持续的时间并不长。合作对孩子来说仍是崭新的概念，目前这类游戏仍没有太多情节。

如果没有其他玩伴一起玩，孩子会跟以前一样，玩他之前玩过的游戏，例如，去看医生，他也会喜欢大人参与这类游戏。他现在喜欢表演故事或电视节目中的事件，例如，假装自己是控制不住的火车或怪物，他仍非常喜欢现实生活中的道具，如购物袋、放钱的抽屉与玩具钱币等。

与道路、车库、农场或动物园相关的假想游戏也变得更复杂，现在通常是由两个以上的孩子一起玩。例如，其中一个孩子可能当农夫，他会给拖拉机装上物品，另一个则负责驱赶动物回到农场。

这个年龄的孩子开始享受竞争性的游戏，如非常简单的纸牌游戏和棋盘游戏。孩子现在对于学习规则越来越感兴趣。

3岁半～4岁的游戏

探索型游戏

孩子到了4岁时，喜欢测试自己的极限，看自己能跳多高多远，甚至会耍特技，如站着骑三轮车等。

他对于创造型材料的操作比之前协调许多，他很喜欢画画，也喜欢运用许多不同的材料，如用土豆片来拓印，或用其他材料进行拼贴、剪裁与粘贴等活动。

孩子会用酸奶罐或各种盖子、桶与盒子创造建筑物，如消防站或城堡，但他对烹饪与园艺的兴趣并未减少。

他现在喜欢玩更复杂的拼图，并会使用拼插式积木等来搭建更复杂的结构。当然他还喜欢用小积木来为大“建筑”做点缀，如为自己搭的机场添加小建筑物。

积木等建筑游戏此时演变为合作性质，孩子能制订详尽且明确的计划，例如，道路常由好几个孩子合作建造。当然，孩子一起玩时不可能总是一团和气或意见一致，争吵是家常便饭。这个年龄的孩子时而合作，时而冲突，不管是与同龄孩子，还是与大人相处时，都是如此。他们也能表现得相当善解人意，尤其是在面对难过的兄弟姐妹与玩伴时。

合作性的游戏，以及简单的纸牌游戏与棋盘游戏越来越受这个阶段的孩子喜爱。孩子也越来越喜欢用废旧物品玩，如把大箱子和砖块等变成商店、飞机或任何游戏所需的道具。

这个阶段的孩子对大自然也越来越感兴趣，如很着迷于发芽的豆类，也喜欢看球茎开花，看蝌蚪、蝴蝶、鸟儿、毛毛虫以及蜘蛛等。

假想游戏

宝宝越来越喜欢和别的小伙伴一起玩假想游戏了。孩子的社交能力有很大进步，且能复现过程更复杂、结果更明确的活动。游戏中所复现的事件可能是他们所经历过的，如去理发或看医生，也可能是书上或电视节目中的片段。游戏中开始加入虚构的成分，例如，喷火龙或怪兽。他们可能决定要假装失火，从大楼里救出人，然后把火扑灭。这些延伸的假想游戏，有时候可能会出现幻想性情节，例如，消防车从天而降来救人。换装会让这个类型的戏剧表演更逼真，也会让孩子觉得非常有意思，并且孩子会配合改变声音和动作来适应不同角色。

游戏屋现在发挥着很大的作用，可以让孩子玩过家家，以及扮演许多不同角色。孩子也常用娃娃来玩想象游戏，例如，娃娃因生病被送到医院等。

电视与影片

孩子现在有充足的语言知识了解电视节目与影片的内容，因此，电视节目和影片可以是提供信息、学习与纯粹娱乐的绝佳来源，也能为孩子提供想象的养分。如同书与游戏，孩子现在可能有明显的个人偏好，有些特定的节目可能很吸引孩子。

孩子现在很喜爱故事，尤其喜欢不断出现他熟悉角色的连续剧。孩子也喜欢跟随事件发展，尤其是预测接下来会发生什么。孩子仍非常喜欢想象事件，但他仍难以区分事实与虚构，可能需要大人帮助。孩子的理解仍主要只限于字面意思，比喻的用法如“巨人的脚像树干一样粗”，可能会让孩子感到困惑。

宝宝玩具箱

探索型与创造型游戏用具：

- 黏土及彩色橡皮泥
- 手指画颜料
- 签字笔
- 绘画用海绵
- 印章与其他材料
- 卫生纸
- 更困难的拼图

- 搭建用的大型纸箱
- 管子、箱子、酸奶罐、鞋带
- 植物，比如盆栽花
- 喂鸟台或喂食器
- 蚕茧或蝶蛹
- 蝌蚪

假想游戏用具：

- 可以用于长时间想象事件的玩具娃娃
- 过家家玩具
- 玩沙子用的房屋模型、树木与人
- 更多角色扮演用的制服，如消防服或医用白大褂
- 农场或动物园模型
- 房间布局图

社交游戏用具：

- 棋类游戏、卡片游戏
- 桌上保龄球

孩子仍非常喜欢儿歌，并且比从前更喜欢笑话和幽默短剧了。

孩子在这个时期对大自然极度感兴趣，这也是电视节目和影片能发挥作用的时候，它们可以让孩子拥有日常生活中不可能有的经

历，或其他媒介不可能提供的极佳体验。孩子可以从影片中看到许多令人惊奇的事物，例如，快速开花或蝶蛹化为蝴蝶的画面，也能看到不同的动物在世界各地自然栖息的样貌（请跟他一起观看，并准备好回答他无穷无尽的问题）。

虽然在这个阶段，电视节目和影片对孩子有许多价值，但仍需限制孩子看电视的时间，以每天一小时为上限。电视节目的强力刺激会吸引孩子长时间的注意力，但电视节目不会回答孩子的问题，也不会解释词语的意思，更无法告诉孩子什么是事实、什么是虚构。

宝宝小书架

这是孩子阅读的绝佳时机，他们能充分享受阅读之乐，体会图书提供信息、激发想象和纯粹娱乐的作用。正如游戏一样，孩子开始有强烈的个人偏好，买书之前不妨带孩子去图书馆寻找他真正喜欢的书。

孩子对与日常生活相关的故事仍然很感兴趣，不过他现在也能享受幻想型故事。这个阶段的孩子难以区分事实与虚构，因为他们对于这个世界与其奇妙之处的经验仍很有限。孩子需要大人的帮助，尤其在面对可能会让他们害怕的故事时。另外，我们也要知道孩子刚开始认识比喻法，因此认知主要仍限于字面意义，如果大人未解释清楚，孩子可能对比喻感到困惑。例如，孩子听到“一层毯子般的雪”可能觉得很疑惑，因为他无法看出温暖的毯子和外面的寒冷有什么关联。

一些传统故事如《三只小猪》和《三只小熊》等，孩子都很喜欢。幼儿喜爱重复的词语与语音模式，而这些故事都有一些重复的成分，一次又一次地引发惊奇与幽默。孩子喜欢多次聆听这些故事，且每次聆听的乐趣都会增加，这和大人重复聆听某段音乐旋律一样。孩子喜欢预测接下来会发生什么事，如果大人试图稍微改动故事中的文字，可能会引起抗议。

此外，孩子也想跟你讲他非常熟悉的故事。他现在可能很喜欢关于大自然的书。例如，如果孩子看过青蛙，他可能会喜欢介绍蝌蚪如何变为青蛙的书。这个阶段的孩子喜欢看细节清楚的图片，并喜欢挑出其中特定的部分。孩子可能对颜色、数字、相同与不同处等概念型的书感兴趣，他们也会喜欢韵文类的书。

你可能会发现孩子现在对印刷很感兴趣，因为他理解书上的文字跟我们所说的话其实是一致的。他甚至可能认识到特定的字代表特定语音。如果他自发性地认出某些字或词语，并告诉你它们是什么，请记得不要刻意去教他什么，因为你现在赋予他的，已经是足够且重要的阅读前奏。

请务必每天跟孩子分享一本书。适合这个年龄阶段的有趣的书非常多，但由于孩子已有强烈的个人偏好，请让孩子选择自己喜爱的书。

宝宝发展正常的指标

孩子4岁时的正常表现：

- 说出的话能让跟他不熟悉的人听懂；
- 能连贯地陈述最近发生的事；
- 能说出家里的住址与自己的年龄；
- 问个不停；
- 能倾听并说出较长的故事；
- 能运用语言来交涉与协商；
- 能运用礼貌用语，如“请”“谢谢”等。

妈妈要注意的异常行为

孩子满4岁时，如有以下情形，请寻求专业帮助：

- 经常看起来很困惑，似乎听不懂你说了什么，或不去做你要求他做的事；
- 无法专注于任何事超过几分钟；
- 说话非常不清楚；
- 不能清楚告诉你，你不在场时所发生的事；
- 不常问问题；
- 不想跟其他孩子一起玩；
- 表现出或告诉你他知道自己说话不流利，或很难把话说出来。

儿语潜能开发这样做

孩子现在已进入跟其他孩子一起游戏的阶段，如果能有一些时间去幼儿园等环境，或让其他孩子到家里玩，将让孩子有很大的收获。

不过，孩子与你独处的时间仍无法被取代，对他而言，这仍是语言学习的最佳环境。你能做很多事——给他介绍富有创意的活动、帮助他拓展游戏等。无论如何，你都要抽空倾听他说话，并毫不逃避地回答他的所有问题，这样能给他情感上最大的安全感，也能让你们有机会讨论必要的禁令与规则，从而大大降低你和孩子的受挫感。

为什么孩子口语不流利?

三四岁的孩子超过半数都会经历口语不流利的阶段，他们会多次重复某音节或字，这是因为他们脑袋中有大量的信息，但还没有足够的语言来充分表达。当孩子试图去想该怎么表达自己想说的话时，就会发生这种口语重复的现象。孩子太过专注于思考过程，自己却完全意识不到这种重复的现象，这很正常。随着孩子语言技能的发展，几个星期或几个月后这种情况就会好转。

作为父母，如果家族中有人口吃，可能会错误地断定自己的孩子也会口吃，因而感到非常恐慌。其实孩子口吃，通常是因为父母对孩子说了一些原意是想帮助他们的话，例如，“再说一次，说慢点”“说话前先深呼吸”等，这使得原本并未意识到自己说话不流畅的孩子突然有所意识，并开始试图停止口语重复的行为，这反而造成口吃。所以，绝不要把孩子的注意力吸引到他说话的方式上。

迈克尔是一个讨人喜欢的3岁小男孩，他的母亲十万火急地带他来看诊，因为迈克尔开始口吃。迈克尔母亲的两个哥哥都口吃，因此她很清楚口吃是一种语言障碍。她不断试图请迈克尔讲慢一点来帮助他，但发觉迈克尔反而更频繁地出现口吃的状况。迈克尔一接触到玩具箱，就开始嘀嘀咕咕说个不停。他显然有很多想说的话，有好几次甚至重复说一个词语多达15次，但迈克尔显然完全没意识到这件事，表现得很放松。迈克尔母亲听我说迈克尔正经历完全正常的阶段后，便大大松了一口气。果然，数周后她打电话说，迈克尔口语不流利的情形已完全消失。

你和孩子的游戏时间，能给孩子提供完全无沟通压力的环境，并帮助孩子轻松度过这个阶段。他不必抢着说话，因为你已为他提供大量可以说话的时间。他也不会受到干扰，更没有回答问题或思考要说什么的压力。

TIPS 不要吸引孩子注意他说话的方式。

你唯一能提供的额外帮助是，如果孩子说话的速度很快，请你调慢自己说话的速度，这样便能让他不自觉地减缓讲话速度。

如何跟孩子说话

跟随孩子的注意焦点

虽然孩子可能已具备转移注意焦点的能力，但在游戏时间里永远跟随他的主导仍然很重要。跟从前一样，让孩子全权决定你们的对话有多少是聊此时此刻、有多少是讨论过去与未来的事件。当你专注于此时此刻时，请不要给孩子指引，如果你们并非真正在对话，不妨以“现场报道”的方式来讲述正在发生的事。例如，孩子在转动旋转木马玩具时，你可以说：“它转呀转，你推它的时候它就转呀转。”

请不要忍不住去教孩子。如果你不经意间传递给孩子与他当时感兴趣的事物相关的信息，他会学到更多。孩子能借由选书或对话让你知道他何时对概念开始感兴趣，如颜色与数字。有研究指出，享有父母纯粹陪伴的孩子，日后在学校相关测验中，会表现得比接受早期教导的孩子要好。

帮助孩子拓展游戏

以探索型游戏而言，你能给孩子最大的帮助，就是给他提供合适的玩具和游戏器材，并且给他示范如何以不同方式来玩。你的孩子已玩了好一阵子的游戏，他的兴趣可借由新材料再次得到强化，例如，绘画用的毡头笔或海绵，在颜料中加入白胶可改变质地，你可在小枝条、梳子或牙刷上面画出纹路，这些都非常有趣。

> 3岁的贝恩只会说包含两三个词语的句子。贝恩的父亲很难克制自己想教他的冲动，但在我跟他讨论了很多，也是距离第一次看到贝恩的三周后，我看到他俩非常尽兴地在一起玩。贝恩选了一袋装有不同模块的大型积木，他想用这些积木来搭建道路。他在放置积木的时候，他父亲一边说出他正在做的事，一边不经意地提到积木的形状："真是好主意！正方体的积木很适合放在长方体积木的旁边。""圆的那块很适合做红绿灯。"原本对形状名称十分混淆的贝恩，在不到一小时的时间内，已能正确使用它们的名称。

孩子会喜欢制作模型用的彩色橡皮泥，以及能在上面按压不同形状的切割器。另一个可能很有趣的新活动是，把纸放在树皮或其他材料上，然后用蜡笔在上面拓印。你可以示范给他看如何从杂志上剪下图片来制作剪贴簿，或把弄皱的卫生纸做成拼贴画贴在彩纸上。例如，孩子学会玩彩泥之后，你可向他示范如何用不同的材料在彩泥上按压出纹路。另外，等孩子能熟练使用剪刀后，你也可以示范如何用剪刀剪出简单的形状。

研究表明，提供材料非常重要。但是如果能示范如何使用这些材料，并帮助他加以运用，孩子将得到更加难以估量的收获。你俩用这些材料做实验或进行其他创意活动时，也将从中得到极大的乐趣。孩子会很乐意跟你分享这些材料。当然，它们也提供了丰富语言输入的绝佳机会。例如，树皮拓印活动能用到一些很棒的词语——“易碎裂的”“片状的”“杰出的”“浮雕”等。

TIPS 欣赏孩子努力的成果。

赞美并欣赏孩子的作品将大大增加他的信心。他会很喜欢看到自己的画被挂在墙上，以及自己建造的物品被放在窗台上。

孩子很喜欢你跟他玩简单的棋盘与纸牌游戏。在游戏前先解释规则给他听，对他会有很大的帮助。你在假想游戏中同样可以给他你的旧衬衫、旧鞋子，以及角色扮演用的衣物，还有能搭建车库、商店、消防站或房子等的大型箱子和管状物等。请务必让孩子有许多有趣的经验，这样他才能够在游戏中把它们表演出来，并能充分了解这些经验与他的关系。

孩子仍喜欢你提供许多建议来拓展他的游戏方式，例如，当他装扮成消防员时，你可以给他示范消防员如何进入消防车，以及如何收卷水喉。以商店游戏为例，你可以给他示范存货是怎么摆放在商店后方的，以及架上的商品都从哪里补货。不过，无论你有多少绝佳的点子，都请你克制想控制活动的欲望，绝不要忘记首要原则是让孩子主导。美国的一项研究指出，过度干预孩子游戏的父母，实际上将阻碍孩子的发展。

TIPS 永远都让孩子主导。

如果有一小群孩子可以一起玩，首先请确认他们有足够的空间，并至少有半小时可以玩。请给他们提供很多箱子、硬纸盒、方块积木等，让他们搭建船或飞机等，这能让他们享受许多乐趣。

另外，孩子尚未有太多解决争端的技巧，你在这一点上也能提供帮助。

请让孩子持续享受倾听的乐趣

孩子现在极为享受唱歌、随着音乐跳舞并跟着节奏拍手，也喜爱儿歌，如《玛丽有只小绵羊》等。阅读时间能给孩子倾听声音的愉快体验。当一群孩子一起玩时，他们会很喜欢“大风吹”等需要倾听的游戏。

TIPS 请务必让孩子觉得倾听很有趣。

在画画和涂写时，发出滑稽的声音，会让孩子觉得很有趣，如在画圆形时发出"咿"的声音，画锯齿形时发出"嘀咚嘀咚"的声音等。孩子对拟声词，如对玩水或玩交通工具时所发出的声音仍感到很有趣，比如水从水龙头流出的哗哗声与流走的哗啦声等。

不需刻意控制句子的长度

你现在不需要考虑这一点，尽量跟孩子聊吧。孩子在听不懂某个词时会告诉你，也会问你那个词是什么意思。如果他希望你重复某词也会让你知道。现在没必要限制对孩子来说可能是新词的数量，如果你觉得某个词对孩子来说可能是新的，请把它放在好几个句子中使用，如"它是一只羚羊。我觉得羚羊的样子像鹿，不过羚羊比鹿似乎优雅一点"。

现在对孩子说话不需要特别缓慢（除非你的孩子正经历口语不流利的阶段），或特别大声及语调起伏，因为孩子已经很习惯语言，对语言很感兴趣，并很清楚倾听语言多么有趣。孩子现在仍会犯一些语法错误，他发音的方式仍会有一些不完善的地方。当这种情形发生时，清楚地跟孩子重复一次他说的话，你的回应必须是自然对话的一部分，并且永远都以"对"开头来回应他。

拓展孩子所说的话

继续通过添加更多信息来拓展孩子告诉你的话。例如，他可能会说："我们去过气球城堡。"你可以接着说："对，我们去了，结果特迪掉下来撞到鼻子，可怜的特迪，他的鼻子真的被撞得很惨。"

在回应孩子的问题时添加一些信息，对孩子的语言发展很有帮助（当然你要谨慎观察，确定他是否还有兴趣）。例如，如果孩子问你："为什么小鸟叼着小树枝？"你可以跟他解释小鸟筑巢。这些对话现在多半是由孩子发起的，他可能会问你无穷无尽的问题，希望你解释；如果他接收的信息不够，也会让你知道。

如何问孩子问题

在这个阶段要谨慎选择问孩子的问题，要问能帮助他思考与理解的问题。例如，如果孩子在玩拼图时遇到问题，你可以问："如果你把那块拼图上下颠倒，会发生什么？"他在搭积木时你可以问："如果把大块的积木放在最下面，把所有的小积木都放在它上面会怎样？"不过不要问得太多，如果孩子不回答，就需要你自己回答所有问题。

绝不要刻意问孩子问题，孩子不管语言程度高低，都知道你在打什么主意，这么做反而会严重阻碍他的发展。

> 尼古拉斯有一天来我家喝茶，看他在玩什么我就说些什么。我们很快开启了相当长的对话，从这些对话中他展露出熟练的语言技能。他的母亲对此感到很惊讶，她一直把尼古拉斯定义为非常害羞的孩子，因为他通常要很久才会开始跟不认识的大人说话。我告诉她最简单的秘诀：我跟尼古拉斯说话时都是讨论他正感兴趣的事情，而不是问他问题。这

让尼古拉斯的母亲想起一位年长的亲戚。那位亲戚每次跟尼古拉斯说话时都是双手交叉，眼睛盯着他，然后说："有什么事情发生了吗？"尼古拉斯的母亲很清楚地记得她当时的感觉，她终于理解尼古拉斯为什么喜欢别人跟他谈论眼前发生的事情，而不喜欢别人问他问题了。

请你不要这样做！

之前禁止的几个事项在这个阶段仍然适用。

绝不要纠正孩子的发音，如果孩子说的词语或句子不清楚，最有效的做法是让孩子清楚地听到你是怎么发音的。如果孩子正经历说话不流利的阶段，也绝不要吸引他注意自己讲话的方式，永远都要回应孩子试图沟通的事件本身，而不是他沟通这件事的方式。

跟孩子独处半小时以外的时间，你可以做什么？

- 给孩子游戏的时间与空间。
- 孩子想要做什么事的时候让他尽量自己动手。
- 留意孩子的专注力时长。
- 给孩子充足的机会跟其他孩子玩。
- 尽可能给孩子大量户外活动的机会。
- 帮助孩子发现大自然的奇妙。

阶段二

4岁后

从无助的小婴儿到成熟的对话者

4岁后的宝宝

语言发展

孩子到了4岁基本已掌握母语。他的词汇量丰富，已能理解并运用母语中所有基本的句子类型。他的词汇以及语法结构的知识将继续增加，并能以较成熟的方式使用语言。

孩子运用语言思考并解决问题的能力在持续增长，例如，他会想办法爬上树屋，也会为自己或团队制订计划。又如，孩子可能会分配角色，并设计想象型故事的台词。孩子在沟通自己的想法、交涉、协商与交易方面越来越有技巧，例如，商量轮流扮演主角。他变得更善于描述自己的经历，以及对这些经历的想法与感受。

他能参与更长且更复杂的对话，并且越来越能根据情境与说话对象改变自己的说话方式。他很清楚，跟老师和自己的小弟弟说话的方式应不同。他现在记得应该有礼貌，较少需要别人提醒他说“请”和“谢谢”。他想发起对话时会坚持吸引成人的注意力，也能挑选最合适的时机来加入别人的对话，即等待对话停顿，而非打断他人说话。

他非常喜欢谜语与笑话，并喜爱倾听相当长且复杂的故事。

虽然孩子在许多方面的进步都很了不起，但他毕竟来到这个世上的时间不算太长，他无法总是知道其他人对于他说的话的了解程度，有时候仍可能让对方一头雾水。如果孩子的心思在其他事情上，可能无法回应对话伙伴的问题。

整体发展

孩子在4岁到5岁这一年在其他方面的技能也会有大幅进步。他非常活跃、充满活力，攀爬与使用大型器材如荡秋千与溜滑梯越来越熟练。孩子5岁的时候能非常灵巧地跟着音乐跳舞并玩球类游戏。他在这个年龄对身体灵活的控制力，表现在他可以手上拿着物品下楼梯。他很喜爱画画，画出来的东西的辨识度越来越高。有一些孩子在这个年龄会自发性地写一些字。此外，有些孩子发展出的新技能还包括缝纫，能粗略地缝几针。他越来越有兴趣跟其他孩子玩，并且越来越能与大家合作。

注意力与听力

孩子4岁时已可转换注意焦点。在接下来的一年，他的注意力终于变为双通道的了，能一边听别人对他说话，一边继续做自己在做的事，不再需要停下来看说话的人。这个能力刚出现时，“一心二用”

的持续时间比较短暂，以后会逐渐变长。到达这个阶段意味着孩子已做好上学准备，他可针对自己正在做的事聆听指示，这对教室情境中的学习而言是非常必要的能力（但这项能力需要再过一年才能完全具备）。

与4岁以上的孩子玩游戏

孩子仍十分喜爱很活跃的游戏，他现在能出色地控制自行车与球类。他也喜欢参与前一年开始的艺术与创造型活动。他能用积木与其他建筑材料搭建更复杂的结构。

跟其他孩子一起玩变得非常重要，假想游戏将持续成为高度社交型的活动，包括许多共同计划与合作的部分。孩子能制定规则，通常也能遵守规则。孩子的想象力将继续蓬勃发展，常会表演自己在书本与电视节目中看到的故事。

不必特别腾出游戏时间，让孩子加入你的活动即可

你不必特别腾出游戏时间，让孩子加入你的活动即可，如园艺、烹饪、带他去游泳或到图书馆听故事。这能提供让你回答孩子的问题的绝佳机会，并与他讨论生活中的事件以及他的感受。如果孩子的生活中发生了一些让他感到痛苦的事件，如父母离异、家庭成员或

挚爱的宠物死亡，这么做尤其重要。我们应允许孩子表达他的感受，帮助他理解发生了什么事，特别是安慰他这并非他的错。

请坚持每天跟孩子共读一本书。他现在很可能已有了自己的阅读偏好，在这个阶段让他自行选择图书馆的书是很棒的体验。你跟他说话时，不必限制所使用的词汇量或句子的复杂度。如果孩子听不懂你说的话，他会立刻让你知道。

请持续拓展孩子所说的话。例如，他可能会说：“我们午餐后要去公园。”你可以回答：“对啊，我们要去公园，威廉和他爸爸也要来，接着他们要到我们家喝茶。”这种回应方式现在对你来说应该习以为常。

如果你发现孩子出现语法错误，跟以前一样在对话中示范正确的语法，这对孩子仍然很有帮助。现在发音错误也仍可能发生。例如，如果孩子说：“那只鸟有灰色‘乌’毛。”你可以说：“对，那只鸟头上有灰色羽毛，不过我看到它尾巴上有红色羽毛。”

有时候孩子会高估其他人已知的事。例如，我的小伙伴查理最近告诉我乔伊掉进水坑的事。他的母亲还得提醒他，我不知道乔伊是孩子还是动物。

持续帮助孩子拓展游戏方式，请确认他有充足的时间与空间，并有机会跟其他孩子一起游戏。

请把孩子看电视的时间限制在每天一小时内。孩子现在可以享受儿童节目的乐趣并从中学习。电视节目可以刺激孩子的想象力，让他经历现实生活中看不到的自然奇观。然而，游戏、与人互动与对话、表演日常生活事件对孩子来说仍然很重要。他需要通过表演日常生活事件加深对它们的理解。请和孩子一同观赏电视节目并回答他的问题，给他解释让他觉得疑惑的事，并与他讨论他所观看的内容。

进入崭新的学校生活

今年最重要的一件事可能是孩子开始上学了。如果你一直遵循儿语潜能开发计划，孩子应该已经发展出极佳的注意力、听力与语言技巧，并能好好享受学校生活，快乐地参与所有的活动。

对于什么时候才是正式教孩子阅读、书写与算术的合适时机，目前仍有极大争议。我的经验告诉我，晚一点教孩子比较好，但多数父母无法选择孩子何时上学、在哪里上学。身为父母最重要的一点，是确保孩子有充足的机会在家玩耍，并且有丰富的活动经验，如去游泳池、公园和图书馆等。孩子在家时当然也可能想阅读、书写或做其他活动，这样并没有什么问题，只要确定孩子有选择权即可。

你可以做许多事来帮助孩子适应上学这个奇妙经历。有些学校准许你在孩子上学前带他去学校参观，这么做对孩子很有帮助。尽量多跟孩子说一些在学校里会发生的事，并确认你有时间回答他所有的问题。孩子会很喜欢听你说自己以前上学的故事。最重要的是，记得孩子极容易学习你对生活中所有事件的态度，因此如果你相信上学对他来说是很正面且有趣的体验，他也会这么认为。

结 束 语

我希望你满怀欣喜地庆祝孩子终于完成了从无助的小婴儿到成熟对话者的奇妙蜕变。

我希望你很享受按照本书方法，通过与孩子互动交流，激发孩子最大潜能的过程。也希望你已跟孩子建立了享受彼此陪伴的模式，这将让你们终身受益。

最重要的一点，希望你和孩子都觉得儿语潜能开发充满乐趣。

如果对上述这些希望，你的回答都是肯定的，那么我写这本书的目的也就达成了。

祝你们未来一切顺利！

附 录 1

儿语潜能开发问答

以下是正在进行或考虑对孩子进行儿语潜能开发的父母经常会询问的问题及回答，希望对你有所帮助。

问：我在宝宝6个月大的时候必须重返工作岗位，这有什么问题吗？

答：我很希望到了那时，你已经形成每天一对一陪伴宝宝半小时的习惯。希望你重返工作后维持这个习惯不至于太困难。每天半小时的一对一陪伴对宝宝的发展有极大的影响。如果你能跟宝宝接下来的主要照顾者分享儿语潜能开发的原则，当然最好。如果做不到，也请放心，你仍能把最重要的东西都给宝宝。

问：我的太太要上班了，而我将成为宝宝主要的照顾者，这样会有什么问题吗？

答：没有任何问题。我跟许多负责照顾宝宝的父亲配合过，他们都很尽职尽责。我发现相较于母亲，父亲照顾孩子唯一的差别在于，让父亲不“教”自己的孩子或不问孩子问题，要困难得多。希望你能尽量在这些方面遵循儿语潜能开发的原则，抑制这个冲动。如果你能做到这一点，我确信你会非常成功，最重要的是你也将在这个过程中得到许多乐趣。

问：我是单亲家长，家里有两个年龄较大的孩子，要腾出时间单独跟宝宝相处非常困难。

答：我对此很同情，也了解这件事有多困难，但是我相信找朋友、邻居或亲戚来短暂照顾其他两个孩子绝对值得。你或许可以试着改变宝宝的生活作息，让他在哥哥、姐姐去学校时是醒着的，即使不可能每天都做到，宝宝仍可从任何你单独给他的时间中受益，这段宝贵的每天半小时一对一陪伴真的有很大的作用。

问：我们即将为宝宝请一个保姆。我们应该考虑什么？

答：如果这个保姆每天要跟宝宝朝夕相处，最好请母语跟你相同的人。你最好能跟她分享儿语潜能开发计划，让她知道相关原则。不过我仍希望你是那个实际与宝宝共处半小时的人。

如果没办法请到母语跟你相同的保姆，鼓励她用自己的母语对宝宝说话与唱歌。正如家庭成员能说一种以上语言的情况，你的宝宝将因此有机会学会另一种语言。若你需要换保姆，请确保下一个保姆跟前一个保姆讲的是同一种语言。我见过一些孩子经过几个语言并不相同的保姆照顾，结果不管哪种语言的进步都很有限。

问：我工作的时候必须把宝宝放在托儿所，如果托儿所的工作人员不遵行儿语潜能开发计划会对孩子有影响吗？例如，我听说他们都会问孩子很多问题，而我现在知道不要问孩子太多问题。

答：你的孩子去了托儿所之后，你持续每天在家跟他进行儿语潜能开发训练更为重要。幸运的是，幼儿的适应力很强，只要让他在家接受儿语潜能开发训练，他将从中得到极大的益处，不会因托儿所采取的方法不同而效果变差。孩子将先借由托儿所的游戏器材和玩具，以及其他孩子的陪伴而另有收获。或许一段时间后，你可融洽地跟托儿所的员工分享你的观点。

问：我有一个3岁的女儿，她叫米可拉，她对我跟她弟弟的独处时间似乎很吃醋。她没办法跟我单独相处，因为她和她弟弟的就寝时间一样，我应该怎么办？

答：试着早一点把弟弟放上床睡觉，或让米可拉稍微晚一点睡，好让她跟你有一些独处时间。大人专一的关注对所有的孩子都大有好处，我相信这么做也能有效缓解她对弟弟的嫉妒。你应该会发现米可拉很喜欢适合她年龄的儿语潜能开发活动。

问：我先生和我准备离婚，我们应该怎么做才能让这件事对我们3岁女儿的影响降到最低？

答：这是件不幸的事，你没办法不让孩子难过。不过我相信，持续每天跟孩子独处半小时，给她时间和机会说出自己的感受，并且回答她的问题，能给孩子很大帮助。你要有心理准备，孩子通常会认为这种事情是她的错，你应该再三跟她强调不是她的问题。

问：我是意大利人，我太太是英国人，我们住在伦敦。我想要儿子学习意大利语，但我担心两种语言会让他混乱。我应该担心吗？

答：有机会学习超过一种语言的宝宝，在正确的引导下能极为轻松地学会这些语言。你的宝宝非常幸运能有这样的机会，他只会在两种情况下有所混淆：

- 两种语言高度混合在一起。也就是说，一句话中包含好几种语言的词语。
- 照顾者使用的语言并非他自己在童年习得的语言。前文已提过，儿语潜能开发训练很重要的一部分是改变我们对宝宝的说话方式。要做到这一点，用非母语语言（或非童年期习得的语言）是非常困难的。大人不太可能知道非母语语言文化中的传统儿歌或故事，而这些是我们应该跟孩子分享的丰富文化遗产。

我建议你跟儿子独处时跟他说意大利语。最尽善尽美的方法是你跟他以意大利语进行儿语潜能开发训练，他的母亲则以英语进行。这么一来，孩子就能自然而然地学会两种语言。

附录 2

关于幼儿语言障碍的误解

接下来我要简单介绍一些神经性障碍问题，它是造成孩子长期口语及语言困难的原因，且经常是家族遗传的。有这类问题的孩子需要长期的口语及语言治疗，许多孩子同时还需要接受特殊教育。我在这里讨论这些病症，是因为我在大量的临床实践中发现，这些非常罕见的病经常被错误地套在一些正常孩子身上。

- 特定型语言障碍：患童在没有其他障碍如失聪、自闭症或学习障碍的情况下，经历严重且持久的语言学习障碍。
- 动作协调能力丧失症：一种神经性障碍，可导致患童语言发展迟缓。患童无法协调舌头与嘴唇来发出形成词语的一系列语音。患童也难以规划与组织肢体动作，例如，无法让自己进入小空间，无法想出可搬动并爬上椅子来取得玩具的方法。患童的动作整体来说较笨拙与不协调，游戏方式杂乱无章。

- 注意力缺陷多动症：这种问题的产生有强烈的家族遗传因素。表现症状为很难控制注意力或专心做某事。患童非常容易分心。一些患童用药后即能有一定程度的改善。

我看过许多孩子被冠上这些病名，其中一些孩子的父母被建议要教孩子手语，并做好让孩子接受特殊教育的准备。对于极少数的患童来说，这么做完全是合理的；但对于绝大多数的孩子来说，只要早期帮助他们发展听力、注意力技巧与理解词语的能力，就能预防这些问题的发生。这些孩子的父母开始执行儿语潜能开发计划后，多数孩子的语言能力在短短几个月内都快速提高到正常水平，有些孩子的语言与智力甚至达到标准化测验优秀的标准。

3岁的桑妮亚是个迷人的小女孩，她有大大的蓝色眼睛，是家里三个孩子中最小的。她的父母担心她的语言能力发展迟缓，因此她曾在英国不同的地区接受检测，结果判定她患有“动作协调能力丧失症”以及严重的语言发育迟缓，建议她接受特殊教育。桑妮亚的动作确实有些笨拙，她不知道怎么握铅笔或剪刀，也无法想到要站在箱子上来取玩具。她仅能理解与运用少数词语。

第一眼看到桑妮亚的时候，的确会觉得她像患有严重语言障碍的儿童。不过我们后来发现，桑妮亚出生至今几乎都跟保姆在一起。保姆虽然很爱她，也对她呵护备至，但很少跟她说话，几乎一整天都让她看儿童影片。在接受儿语潜能开发训练三周后，桑妮亚开始理解并能运用包含两三个词语的句子。当桑妮亚有机会开始做一些活动，并有大人给她示范如何操作以后，她的绘画、搭建与剪裁技巧均快速发展。桑妮亚很明显不会有长期的学习问题。她现在已经5岁，我很高兴地从她母亲口中得知，她已经开始读正常6岁半孩子在读的书，她的学校生活也非常愉快。

另一个被诊断罹患特定型语言障碍的孩子，其实拥有惊人的创造力。我第一次见到班恩的时候他3岁，但他理解与运用语言的能力只有一般16个月大宝宝的水平。大人甚至开始教班恩手语。令人难以置信的是，接受儿语潜能开发训练仅6个月后，班恩就开始用各种问题考验我们，如“什么是时间”“骨头是怎么进入皮肤下的”等。班恩4岁时的语言能力已达到7岁半孩子的水平。